AF219546

Impressum
Verlag: BABADADA GmbH, Nedderfeld 112 , 22529 Hamburg
Geschäftsführer / Verlagsleitung: Harald Hof
Druck: Books on Demand GmbH, In de Tarpen 42, 22848 Norderstedt

Imprint
Publisher: BABADADA GmbH, Nedderfeld 112 , 22529 Hamburg, Germany
Managing Director / Publishing direction: Harald Hof
Print: Books on Demand GmbH, In de Tarpen 42, 22848 Norderstedt, Germany

la escuela

ትምህርት ቤት

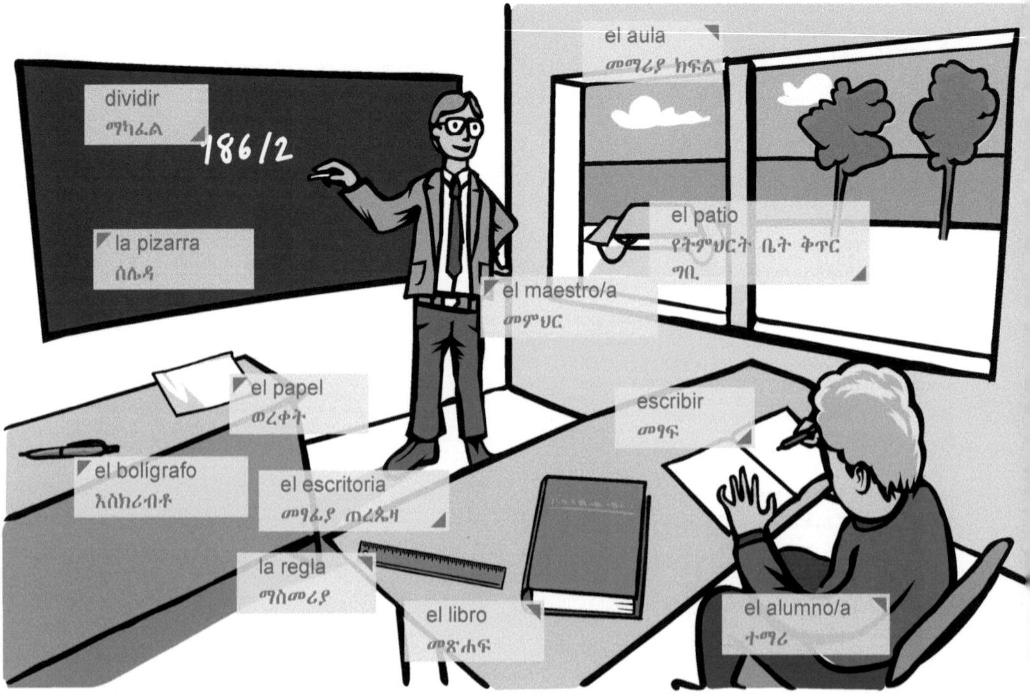

el aula
መማሪያ ክፍል
dividir
ማካፈል
186/2
la pizarra
ሰሌዳ
el patio
የትምህርት ቤት ቅጥር ግቢ
el maestro/a
መምህር
el papel
ወረቀት
escribir
መፃፍ
el bolígrafo
እስክሪብቶ
el escritoria
መፃፊያ ጠረጴዛ
la regla
ማስመሪያ
el libro
መጽሐፍ
el alumno/a
ተማሪ

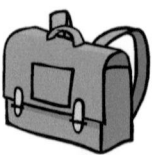

la cartera

የጀርባ ቦርሳ

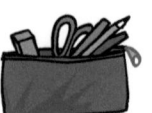

la caja de lápices

የእርሳስ መያዣ

el lápiz

እርሳስ

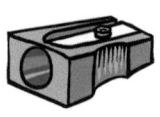

el sacapuntas

የእርሳስ መቅረጫ

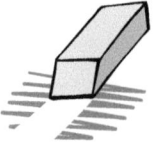

la goma de borrar

ላጲስ

el cuaderno de dibujo

የስዕል ደብተር

el dibujo

ስዕል

el pincel

የቀለም ብሩሽ

la caja de pinturas

የቀለም ሳጥን

las tijeras

መቀስ

el pegamento

ማጣበቂያ

el cuaderno de ejercicios

መልመጃ ደብተር

los deberes

የቤት ስራ

el número

ቁጥር

2+2

sumar

መደመር

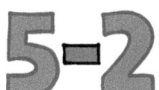

restar

መቀነስ

multiplicar

ማባዛት

calcular

ቁጥሮችን ማስላት

A

la letra

ደብዳቤ

ABCDEFG
HIJKLMN
OPQRSTU
VWXYZ

el alfabeto

ፊደላት

la palabra

ቃል

el texto

ፅሑፍ

leer

ማንበብ

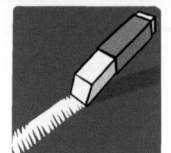

la tiza

ጠመኔ

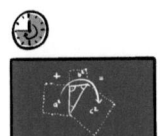

la lección

ትምህርት

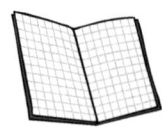

el cuaderno de notas

ምዝገባ

el examen

ፈተና

el certificado

ሰርተፊኬት

el uniforme

የትምህርት ቤት የደንብ ልብስ

la educación

ትምህርት

la enciclopedia

አዉደ ጥበብ

la universidad

ዩኒቨርስቲ

el microscopio

የምርምር አጉሊ መሳርያ

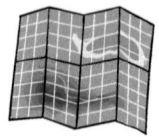

el mapa

ካርታ

la papelera

የቆሻሻ ወረቀት መጣያ ቅርጫት

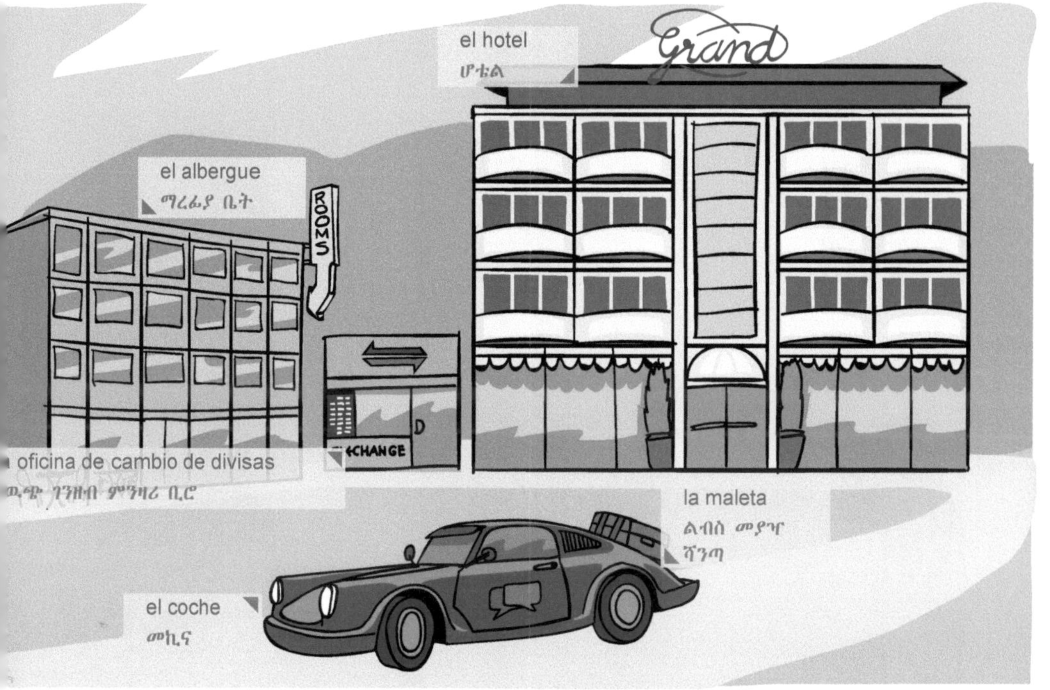

Grand
el hotel
ሆቴል
el albergue
ማረፊያ ቤት
ROOMS
oficina de cambio de divisas
ዉጭ ገንዘብ ምንዛሪ ቢሮ
la maleta
ልብስ መያዣ ሻንጣ
el coche
መኪና

el idioma

ቋንቋ

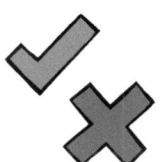

sí / no

አዎ/ አይደለም

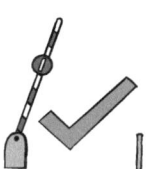

Vale

እሺ

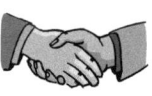

hola

ሰላም

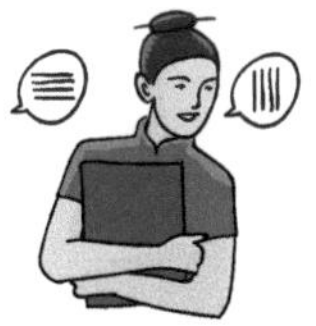

el traductor

አስተርጓሚ

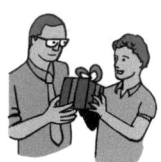

Gracias

አመሰግናለሁ

¿cuánto es…?

ስን ነዉ…….?

No entiendo

አልገባኝም

el problema

እክል

¡Buenas tardes!

እንደምን አመሹ!

¡Buenos días!

እንደምን አደሩ!

¡Buenas noches!

መልካም ምሽት!

adiós

ደና ይሰንብቱ

la dirección

አቅጣጫ

el equipaje

ሻንጣ

la bolsa

ቦርሳ

la mochila

የጀርባ ቦርሳ

el invitado

እንግዳ

la habitación

ክፍል

el saco de dormir

የመተኛ በ...

la tienda de campaña

ድንኳን

la información turística

የጎብኚዎች መረጃ

la playa

የባህር ዳርቻ

la tarjeta de crédito

ክሬዲት ካርድ

el desayuno

ቁርስ

el almuerzo

ምሳ

la cena

እራት

el billete

ቲኬት

el ascensor

አሳንስር

el sello

ማህተም

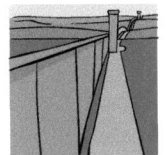

la frontera

ድንበር

la aduana

ባህሎች

la embajada

ኤምባሲ

la visa

ቪዛ/የይለፍ መረቀት

el pasaporte

ፓስፖርት

el transporte

ጓጓዣ

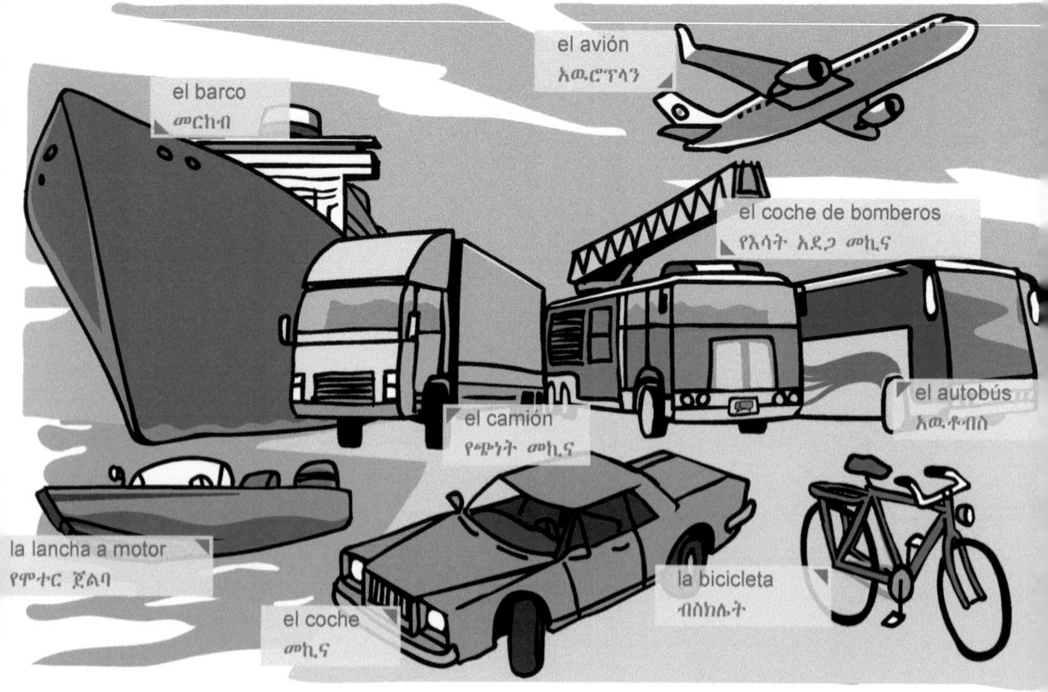

el avión
አውሮፕላን
el barco
መርከብ
el coche de bomberos
የእሳት አደጋ መኪና
el autobús
አውቶብስ
el camión
የጭነት መኪና
la lancha a motor
የሞተር ጀልባ
la bicicleta
ብስክሌት
el coche
መኪና

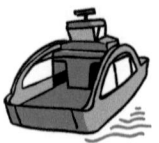

el transbordador

የማመላለሻ ጀልባ

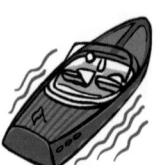

la barca

ጀልባ

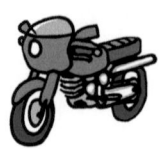

la moto

የሞተር ብስክሌት

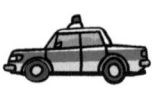

el coche de policía

የፖሊስ መኪና

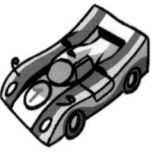

el coche de carreras

የውድድር መኪና

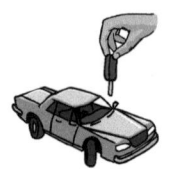

el coche de alquiler

የኪራይ መኪና

el préstamo de vehículos

የመኪና መጋራት

la grúa

ጎታች መኪና

el camión de la basura

የቆሻሻ ጭነት መኪና

el motor

ሞተር

la gasolina

ነዳጅ

la gasolinera

የቤንዚን ማደያ

la señal de tráfico

የመንገድ ምልክት

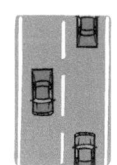

el tráfico

የመኪናች እንቅስቃሴ

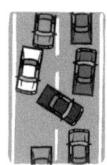

el atasco

የመኪና መጨናነቅ

el aparcamiento

የመኪና ማቆሚያ

la estación de tren

የባቡር ጣቢያ

las vías

የባቡር ሀዲዶች

el tren

ባቡር

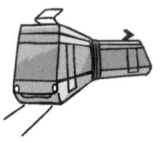

el tranvía

የኤሌክትሪክ ባቡር

el vagón

ሰረገላ

el helicóptero

ሄሊኮፕተር

el aeropuerto

አየር ማረፊያ

la torre

ማማ

el pasajero

መንገደኛ

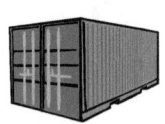

el contenedor

ማስቀመጫ፤ ማጠራቀሚያ

la caja de cartón

ካርቶን እቃ ማሸጊያ

la carretilla

ጋሪ፤ ተሳቢ

la cesta

ቅርጫት

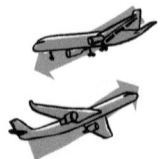

despegar / aterrizar

መነሳት/ ማረፍ

la ciudad

ከተማ

el pueblo

መንደር

el centro de la ciudad

የከተማ ማዕከል

la casa

ቤት

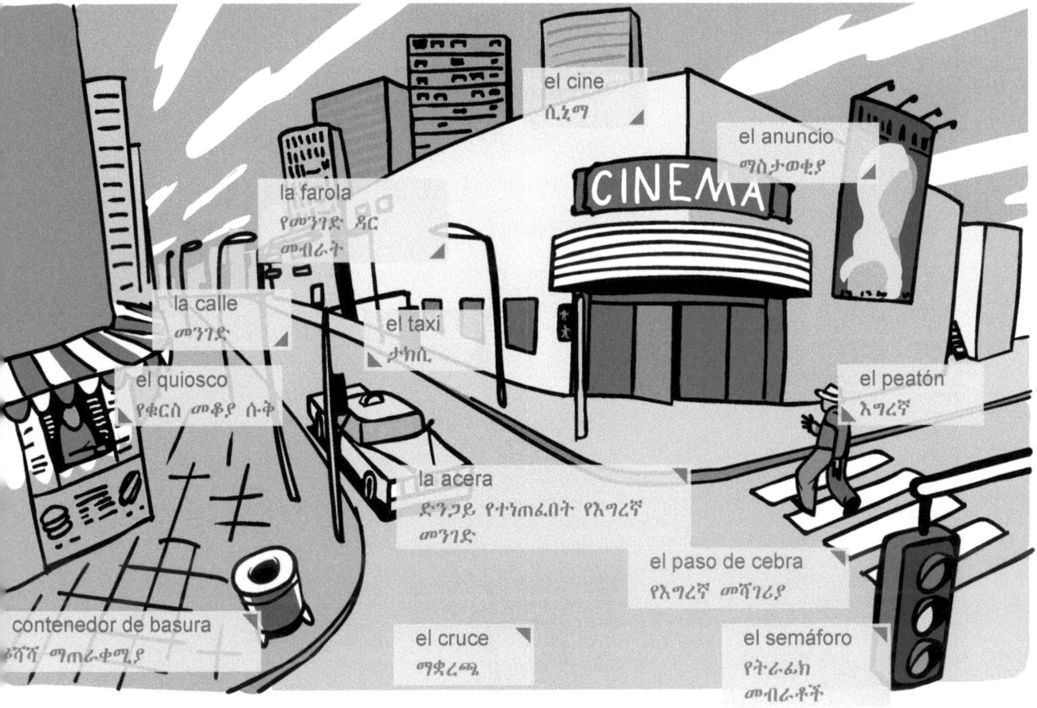

el cine
ሲኒማ

el anuncio
ማስታወቂያ

la farola
የመንገድ ዳር
መብራት

la calle
መንገድ

el taxi
ታክሲ

el quiosco
የቁርስ መቆያ ሱቅ

el peatón
እግረኛ

la acera
ድንጋይ የተነጠፈበት የእግረኛ
መንገድ

el paso de cebra
የእግረኛ መሻገሪያ

contenedor de basura
ቆሻሻ ማጠራቀሚያ

el cruce
ማቋረጫ

el semáforo
የትራፊክ
መብራቶች

la cabaña

ጎጆ

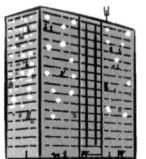

el apartamento

አፓርታማ

la estación de tren

የባቡር ጣቢያ

el ayuntamiento

የከተማ አዳራሽ

el museo

ቤተ መዘክር

la escuela

ትምህርት ቤት

la universidad

የዩኒቨርስቲ

el banco

ባንክ

el hospital

ሆስፒታል

el hotel

ሆቴል

la farmacia

መድሐኒት ቤት

la oficina

ቢሮ

la librería

መፅሐፍ መሸጫ

la tienda de campaña

ሱቅ

la floristería

የአበባ መሸጫ

el supermercado

የሸቀጣ ሸቀጥ መደብር

el mercado

ገበያ ስፍራ

los grandes almacenes

መደብር

la pescadería

የዓሳ ነጋዴ

el centro comercial

የገበያ ማዕከል

el puerto

ወደብ

el parque

መናፈሻ ቦታ

el banco

አግዳሚ ወንበር

el puente

ድልድይ

las escaleras

ደረጃዎች

el metro

ዉስጥ ለዉስጥ

el túnel

ዋሻ

la parada de autobús

የአዉቶቡስ ፌርማታ

el bar

ባር

el restaurante

ምግብ ቤት

el buzón

የፖስታ ሳጥን

el poste indicador

የመንገድ ምልክት

el parquímetro

የመኪና ማቆሚያ ሒሳብ የሚያሰላ ማሽን

el zoo

የደር እንስሳት ማቆያ

la piscina

የመዋኛ ገንዳ

la mezquita

መስጊድ

la ciudad - ከተማ

la granja

እርሻ

la contaminación

የሚበክል ነገር

el cementerio

መቃብር ስፍራ

la iglesia

ቤተ ክርስቲያን

el patio de juego

መጫወቻ ሜዳ

el templo

ቤተ መቅደስ

el paisaje
መልከዓምድር

la hoja — ቅጠል

la señal — የመንገድ ላይ ምልክት

el camino — መንገድ

el prado — አረንጓዴ መስክ

la piedra — ድንጋይ

el árbol — ዛፍ

el excursionista — በእግሩ የሚጓዝ

el río — ወንዝ

la hierba — ሳር

la flor — አበባ

el valle

ሸለቆ

la colina

ኮረብታ

el lago

ሀይቅ

el bosque

ጫካ

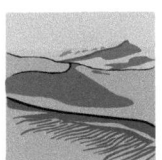

el desierto

በረሃ

el volcán

እሳተ ገሞራ

el castillo

ግምብ

el arcoíris

ቀስተ ዳመና

el champiñón

እንጉዳይ

la palmera

የቴምብር ዛፍ/ ዘንባባ

el mosquito

ቢንቢ/ የወባ ትንኝ

la mosca

በራሪ

la hormiga

ጉንዳን

la abeja

ንብ

la araña

ሸረሪት

el paisaje - መልከዓምድር

15

el escarabajo

ጢንዚዛ

la rana

እንቁራሪት

!a ardilla

ሽኮኮ

el erizo

ጀርት

la liebre

ጥንቸል

la lechuza

ጉጉት ወፍ

el pájaro

ወፍ

el cisne

የውሃ ዳክዬ

el jabalí

ከርከሮ

el ciervo

አጋዘን

el alce

አጋዘን

la presa

ግድብ

la turbina eólica

በነፋስ የሚሽከረከር

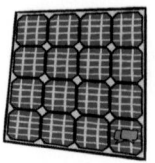

el panel solar

የፀሀይ ፓኔሎ

el clima

አየር ንብረት

el restaurante

ምግብ ቤት

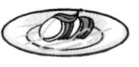

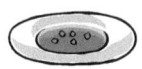

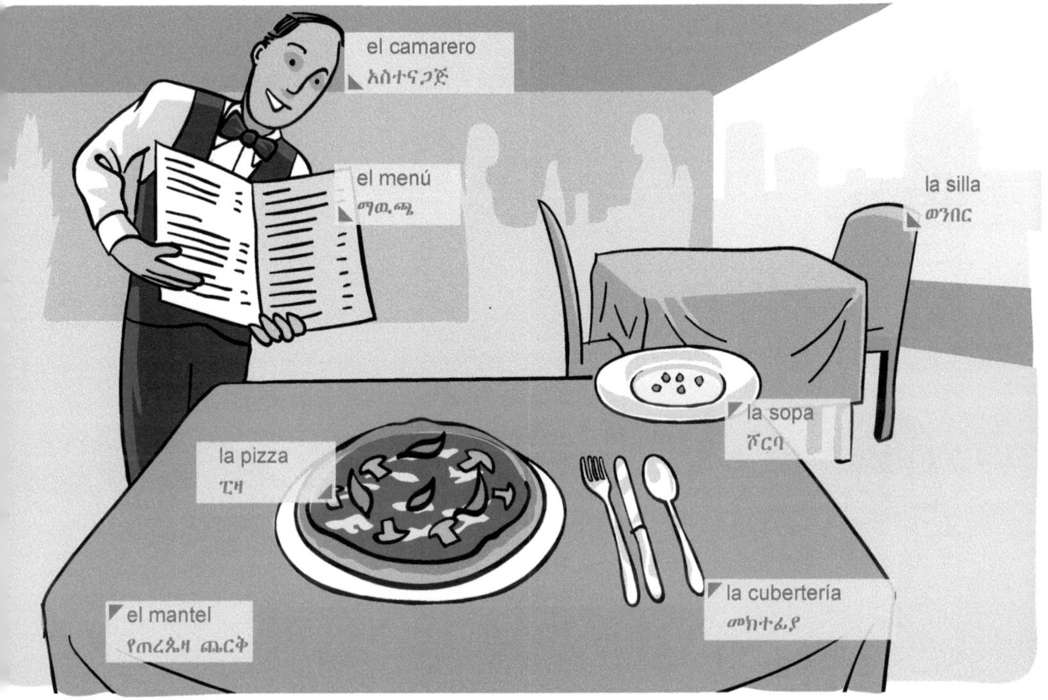
el camarero
አስተናጋጅ
el menú
ማዉጫ
la silla
ወንበር
la sopa
ሾርባ
la pizza
ፒዛ
el mantel
የጠረጴዛ ጨርቅ
la cubertería
መክተፊያ

el primer plato

የምግብ ፍላጎትን የሚከፍት ምግብ

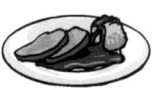

el plato principal

ዋና ምግብ

el postre

ማጣጣሚያ ተከታይ ምግብ

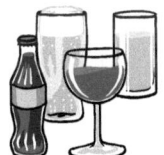

las bebidas

መጠጦች

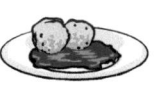

la comida

ምግብ

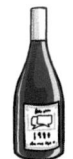

la botella

ጠርሙስ

la comida rápida

ፈጣን ምግብ

la comida callejera

የመንገድ ምግብ

la tetera

የሻይ ማንቆርቆሪያ

el azucarero

የስኳር እቃ

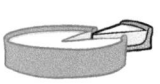

la porción

ድርሻ

la cafetera expreso

የቡና ማፈያ ማሽን

la trona

ባለጋ ወንበር

la cuenta

የክፍያ ደረሰኝ

la bandeja

ትሪ

el cuchillo

ቢላዋ

el tenedor

ሹካ

la cuchara

ማንኪያ

la cucharilla

የሻይ ማንኪያ

la servilleta

ልብስ ምግብ እንዳይነካ የሚረዳ
ጨርቅ

el vaso

ብርጭቆ

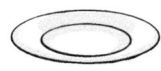

el plato

ዝርግ ሰሀን

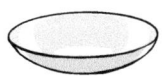

el plato hondo

የሾርባ ጎድጓዳ ሰሀን

el platillo

የስኒ ማስቀመጫ

la salsa

ማጣፈጫ ስጎ

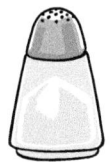

el salero

የጨዉ እቃ

el molinillo de pimienta

የተፈጨ ቃሪያ

el vinagre

ኮምጣጤ

el aceite

የምግብ ዘይት

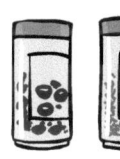

las especias

ቀመማ ቅመሞች

el ketchup

የቲማቲም ድልህ

la mostaza

ሰናፍጭ

la mayonesa

ማዮኔዝ

el supermercado
የሸቀጣ ሸቀጥ መደብር

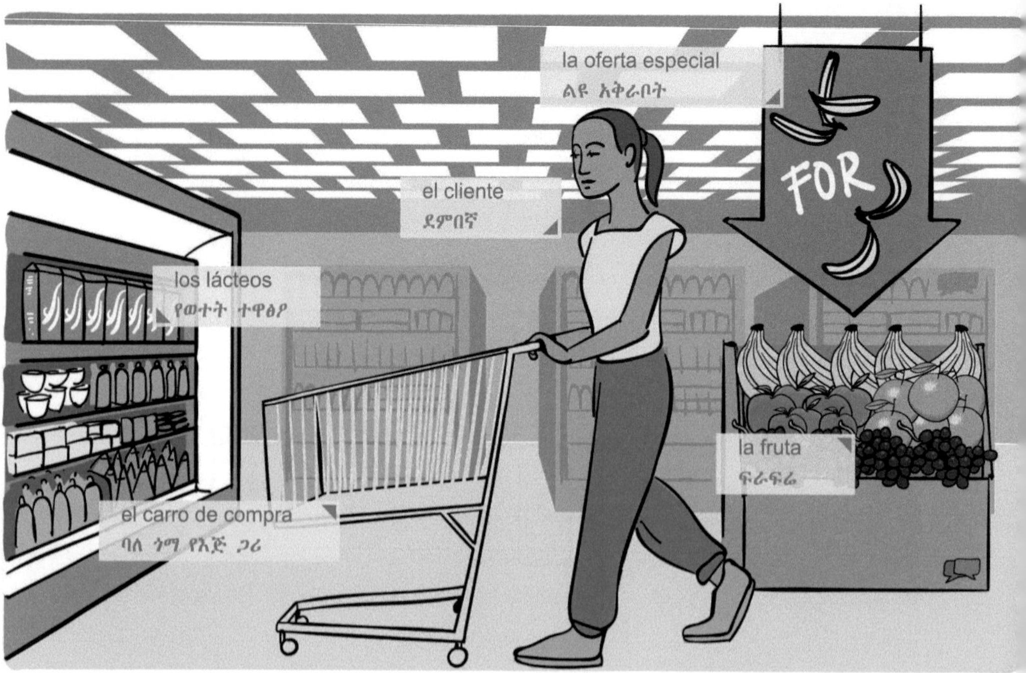

la oferta especial
ልዩ አቅራቦት
FOR
el cliente
ደምበኛ
los lácteos
የወተት ተዋፅዖ
la fruta
ፍራፍሬ
el carro de compra
ባለ ጎማ የእጅ ጋሪ

BUTCHERS

la carniceria

ሉካንዳ ነጋዴ

BAKERY

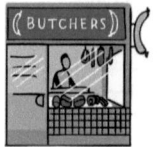

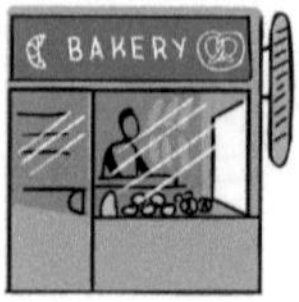

la panadería

መጋገርያ

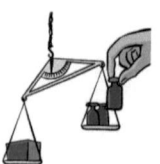

pesar

ክብደት መመዘን

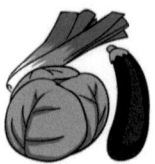

las verduras

ቅጠላ ቅጠል አትክልት

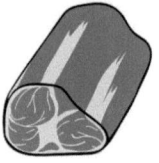

la carne

ስጋ

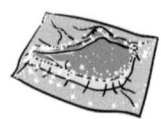

los alimentos congelados

የቀዘቀዘ/የረጋ ምግብ

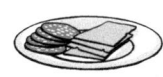

los fiambres

ቀዝቃዛ ቁራጭ

las conservas

የታሸገ ምግብ

el detergente en polvo

የማጠቢያ ዱቄት

los dulces

ጣፋጮች

productos de uso doméstico

የቤት ዉስጥ ዉጤቶች

productos de limpieza

የፅዳት ምርቶች

la vendedora

የሽያጭ ባለሙያ

la caja de cartón

የገንዘብ መመዝበ_ያ ማሽን

el cajero

የሒሳብ ሰራተኛ

la lista de la compra

የግዢ ዝርዝር

el horario de atención al
público

ክፍት ሰዓታት

la cartera

የኪስ ቦርሳ

la tarjeta de crédito

ክሬዲት ካርድ

la bolsa de plástico

ቦርሳ

la bolsa de plástico

የፕላስቲክ ቦርሳ

el agua

ውሃ

el zumo

ጭማቂ

la leche

ወተት

la cola

ኮካ-ኮላ

el vino

ወይን

la cerveza

ቢራ

el alcohol

አልኮል

el cacao

ኮካ

el té

ሻይ

el café

ቡና

el expreso

የተፈላ ቡና

el capuchino

ካፑቺኖ

el plátano

ሙዝ

la manzana

ፖም

la naranja

ብርቱካን

el melón

ሀብሀብ

el limón

ሎሚ

la zanahoria

ካሮት

el ajo

ነጭ ሽንኩርት

el bambú

ሽምበቆ

la cebolla

ቀይ ሽንኩርት

el champiñón

እንጉዳይ

las avellanas

ለዉዝ

los fideos

የሀፃናት ምግብ

las espagueti

ፓስታ

el arroz

ሩዝ

la ensalada

ሰላጣ

las patatas fritas

የድንች ጥብስ

las patatas fritas

ድንች ጥብስ

la pizza

ፒዛ

la hamburguesa

ዳቦ ዉስጥ በስሱ ተጠብሶ የገባ ስጋ

el sándwich

ሳንድዊች

el filete

ጥሬ ስጋ

el jamón

የአሳማ ስጋ

le salami

በቅመምና በጨዉ የታሸ ምግብ ቀጠቅዞ የሚበላ ሾርባ ምግብ

la salchicha

ቋሊማ

el pollo

ዶሮ

el asado

ጥብስ

el pescado

አሳ

los copos de avena

የአጃ ገንፎ

el muesli

ከወተት ጋር ተደባልቀዉ የሚበሉ ምግቦች

los copos de maíz

የበቆሎ ቅርፊት

la harina

ዱቄት

el cruasán

ኩራሳ

el panecillo

ድብልብል ዳቦ

el pan

ዳቦ

la tostada

መጥበስ

las galletas

ብስኩት

la mantequilla

ቅቤ

la cuajada

እርጎ

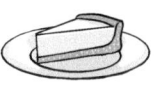

el pastel

ኬክ

el huevo

እንቁላል

el huevo frito

እንቁላል ጥብስ

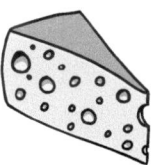

el queso

አይብ

el helado

የበረዶ ክሬም

el azúcar

ስኳር

la miel

ማር

la mermelada

ማርማላት

la crema de turrón

የተናጠ የወተት ክሬም

el curry

ማጣፈጫ

la granja
እርሻ

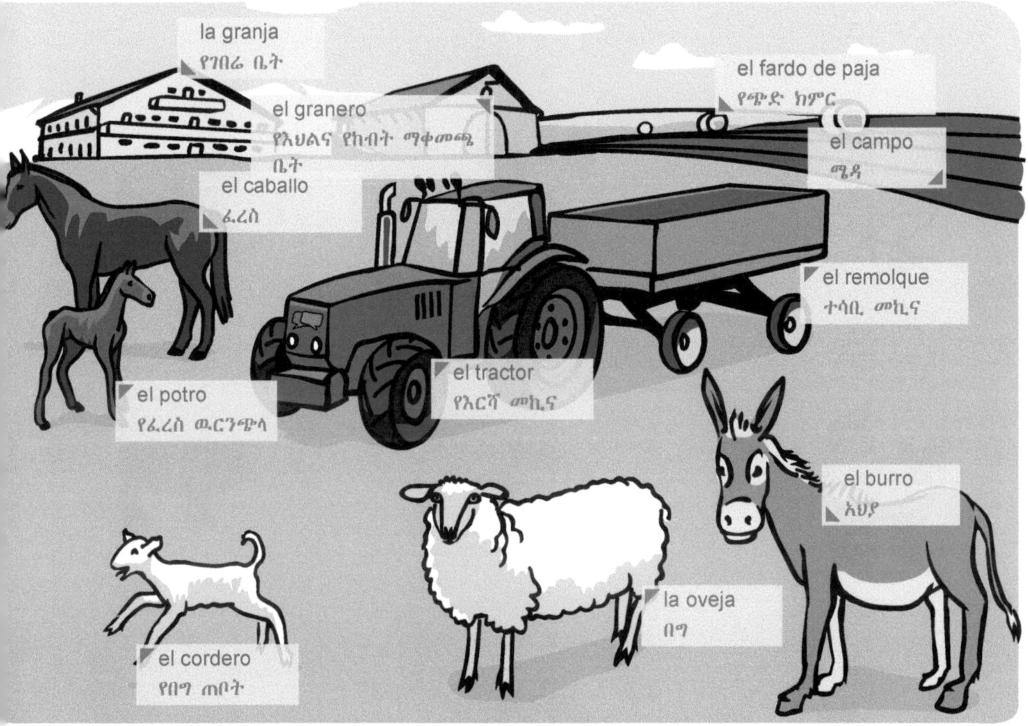
la granja
የገበሬ ቤት
el granero
የእህልና የከብት ማቀመጫ ቤት
el caballo
ፈረስ
el fardo de paja
የጭድ ክምር
el campo
ሜዳ
el remolque
ተሳቢ መኪና
el tractor
የእርሻ መኪና
el potro
የፈረስ ዉርንጭላ
el burro
አህያ
la oveja
በግ
el cordero
የበግ ጠቦት

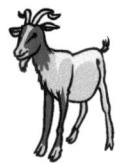

la cabra

ፍየል

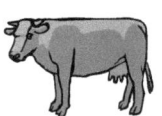

la vaca

ላም

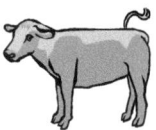

el ternero

ጥጃ

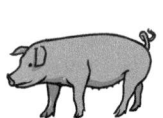

el cerdo

አሳማ

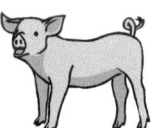

el cerdito

ግልገል አሳማ

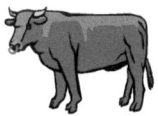

el toro

ኮርማ

el ganso

ዝይ

el pato

ዳክዬ

el pollo

የዶሮ ጫጩት

la gallina

ዶሮ

el gallo

አውራ ዶሮ

la rata

አይጥ

el gato

ደድመት

el ratón

አይጥ

el buey

በሬ

el perro

ውሻ

la perrera

የውሻ ቤት

la manguera

የአትክልት ቦታ

la regadera

ውሃ ማጠጫ ባልዲ

la guadaña

ረጅም ማጭድ

el arado

ማረሻ

la hoz

ማጭድ

la azada

መኮትኮቻ

la horca

የእህል መንሽ

el hacha

መጥረቢያ

la carretilla

ኩርኩር/ የእጅ ጋሪ

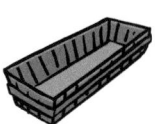

el abrevadero

ገንዳ

la lechera

የወተት ዕቃ

el saco

ጆንያ ከረጢት

la valla

አጥር

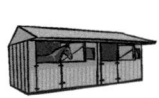

el establo

የፈረስ ጋጣ

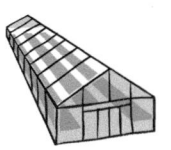

el invernadero

ዕፅዋት ማሳደጊያ የመስታዋት
ቤት

el suelo

አፈር

la semilla

ዘር

el fertilizador

የመሬት ማዳበሪያ

la cosechadora

ጥምር ማረሻ

cosechar

አዝመራ መሰብሰብ

la cosecha

አዝመራ

el ñame

ድንች

el trigo

ስንዴ

el soja

ሶያ

la patata

ድንች

el maíz

በቆሎ

la semilla de colza

የከብት መኖ

el árbol frutal

የፍሬ ዛፍ

la mandioca

የካሳቫ ዛፍ

las cereales

እህል

la casa

ቤት

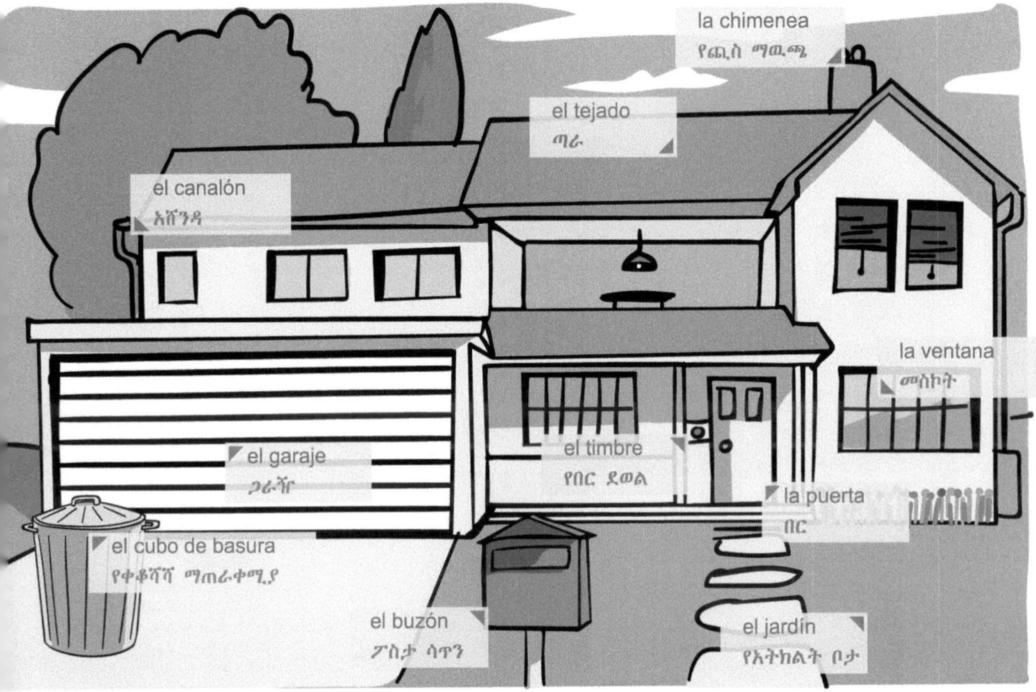

la chimenea
የጪስ ማዉጫ
el tejado
ጣራ
el canalón
አሸንዳ
la ventana
መስኮት
el garaje
ጋራዥ
el timbre
የበር ደወል
la puerta
በር
el cubo de basura
የቆሻሻ ማጠራቀሚያ
el buzón
ፖስታ ሳጥን
el jardín
የአትክልት ቦታ

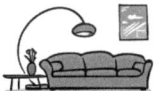

la sala

ሳሎን

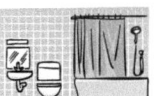

el cuarto de baño

መታጠቢያ ቤት

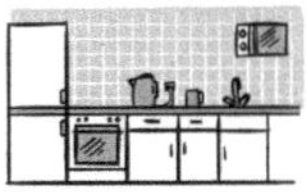

la cocina

ማድቤት

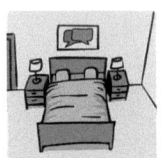

el dormitorio

መኝታ ቤት

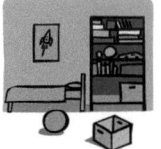

la habitación de los niños

የልጅ ክፍል

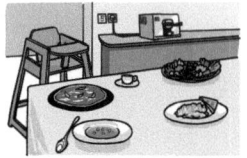

el comedor

መመገቢያ ክፍል

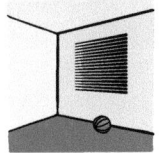

el suelo

ወለል

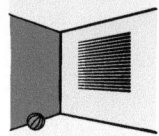

la pared

ግድግዳ

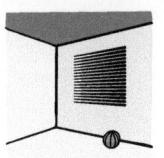

el techo

ጣሪያ

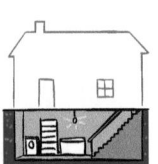

el sótano

ምድር ቤት

la sauna

በእንፋሎት ሙቀት መታጠቢያ
ቤት

el balcón

ሰገነት

la terraza

ከፍ ያለ መደብ

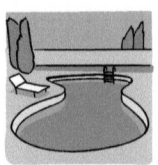

la piscina

የመዋኛ ገንዳ

el cortacésped

የማጨጃ መኪና

la sábana

አንሶላ

la colcha

የአልጋ ልብስ

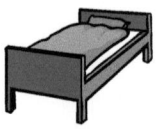

la cama

አልጋ

la escoba

መጥረጊያ

el balde

ባልዲ

el interruptor

ማብሪያና ማጥፊያ

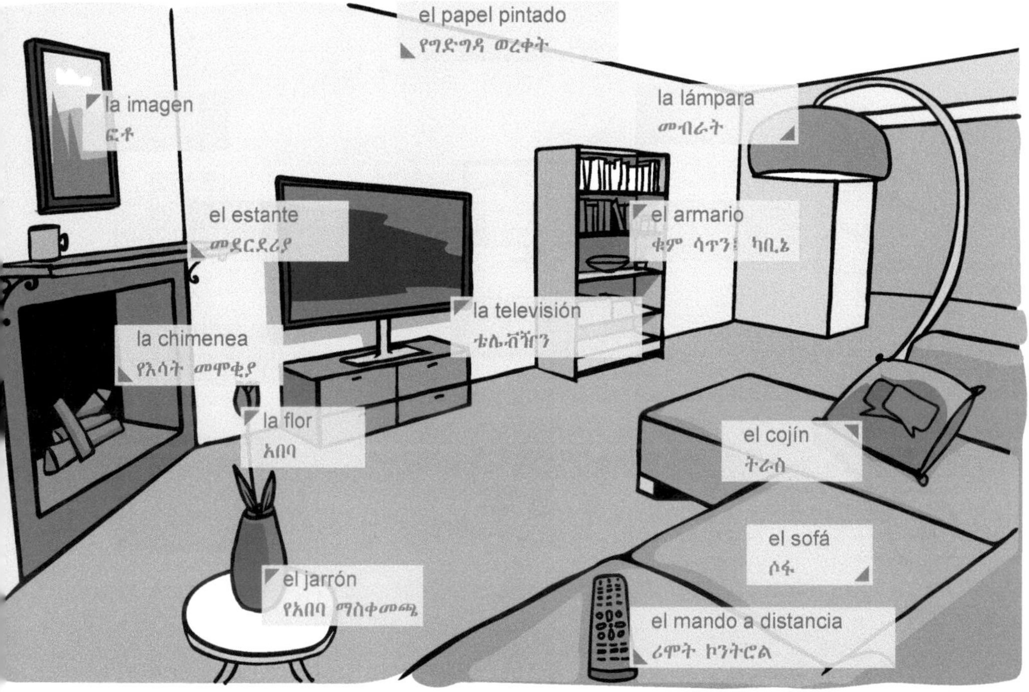

el papel pintado
የግድግዳ ወረቀት

la imagen
ፎቶ

la lámpara
መብራት

el estante
መደርደሪያ

el armario
ቁም ሳጥን፤ ካቢኔ

la televisión
ቴሌቪዥን

la chimenea
የእሳት መሞቂያ

la flor
አበባ

el cojín
ትራስ

el sofá
ሶፋ

el jarrón
የአበባ ማስቀመጫ

el mando a distancia
ሪሞት ኮንትሮል

la alfombra
ንጣፍ

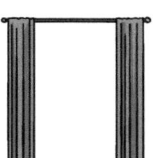

la cortina
መጋረጃ

la mesa
ጠረጴዛ

la silla
ወንበር

el mecedora
ተወዛዋዥ ወንበር

la butaca
ባለመደገፊያ ወንበር

el libro

መጽሐፍ

la manta

ብርድ ልብስ

la decoración

ጌጥ

la leña

ማገዶ

la película

ፊልም

el equipo de música

የሙዚቃ መግሪዉቻ

la llave

ቁልፍ

el periódico

ጋዜጣ

la pintura

ስዕል

el póster

የተለጠፈ ማስታወቂያ እንደ ስዕል

la radio

ራዲዮ

el cuaderno

ማስታወሻ ደብተር

la aspiradora

የአየር ማፅጃ ለምንጣፍ

el cactus

ቁልቁል

la vela

ሻማ

la cocina

ማድቤት

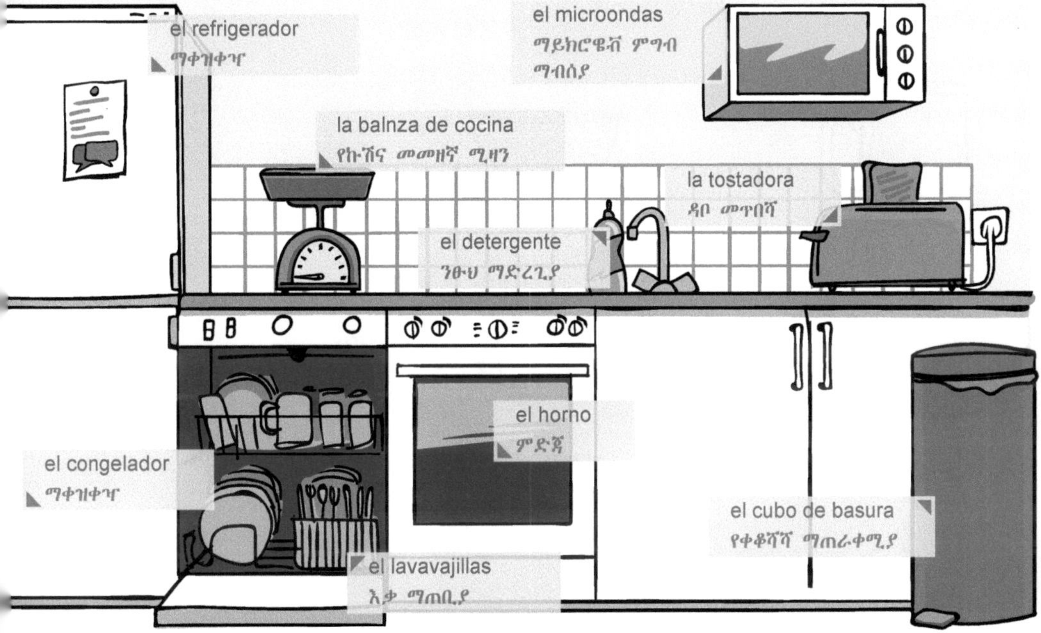
el refrigerador
ማቀዝቀዣ
el microondas
ማይክሮዌቭ ምግብ ማብሰያ
la balnza de cocina
የኩሽና መመዘኛ ሚዛን
la tostadora
ዳቦ መጥበሻ
el detergente
ንፁህ ማድረጊያ
el horno
ምድጃ
el congelador
ማቀዝቀዣ
el cubo de basura
የቆሻሻ ማጠራቀሚያ
el lavavajillas
እቃ ማጠቢያ

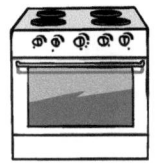

la olla a presión

ምግብ አብሳይ

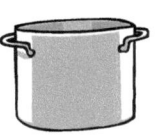

la olla

ማሰሮ

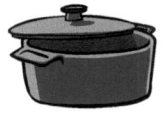

la olla de hierro fundido

የብረት ማሰሮ

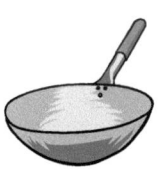

el wok

ምግብ ማብሰያ ዝርግ ድስት

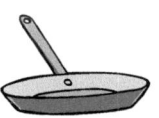

la cazuela

የምግብ መጥበሻ

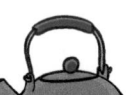

el hervidor

ማንቆርቆሪያ

la vaporera

የእንፋሎት ማብሰያ

la chapa de horno

የመጋገሪያ ትሪ

la vajilla

ሰብስቦች

la taza

ትልቅ ኩባያ

el tazón

ጎድጓዳ ሳህን

los palillos

ቾፕስቲክስ

el cucharón

ጭልፋ

la espumadera

መሰቅሰቂያ ዘርግ ማንኪያ

el batidor

ማደባለቂያ

el colador

መወጠሪያ

el cedazo

ወንፊት

el rallador

መፈርፈሪያ መሳሪያ

el mortero

ሲሚንቶ

la barbacoa

የፍም ጥብስ

la hoguera

የተለቀቀ እሳት

la tabla de picar

መክተፊያ

el rodillo

ተንሽራታች መርፌ

el sacacorchos

የጠርሙስ መክፈቻ

la lata

ጣሳ

el abrelatas

የጣሳ መክፈቻ

el agarrador

የማሰሮ መሸፈኛ

el lavabo

ሳህን ማጠቢያ

el cepillo

ብሩሽ

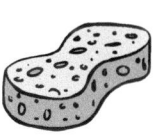

la esponja

ስፖንጅ

la batidora

መደባለቂያ መሳሪያ

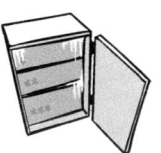

el congelador

በጣም ማቀዝቀዣ

el biberón

ጡጦ

el grifo

ቧንቧ

el cuarto de baño

መታጠቢያ ቤት

la ducha
መታጠቢያ
la calefacción
ማሞቂያ
la toalla
ፎጣ
la cortina de la ducha
የመታጠቢያ ቤት መጋረጃ
el baño de espuma
የአረፋ መታጠቢያ
la bañera
የመታጠቢያ ገንዳ
el vaso
ብርጭቆ
la lavadora
የልብስ ማጠቢያ
el grifo
ቧንቧ
las baldosas
ማዕዘን ወለል
el orinal
ፖፖ
el lavabo
ሳህን ማጠቢያ

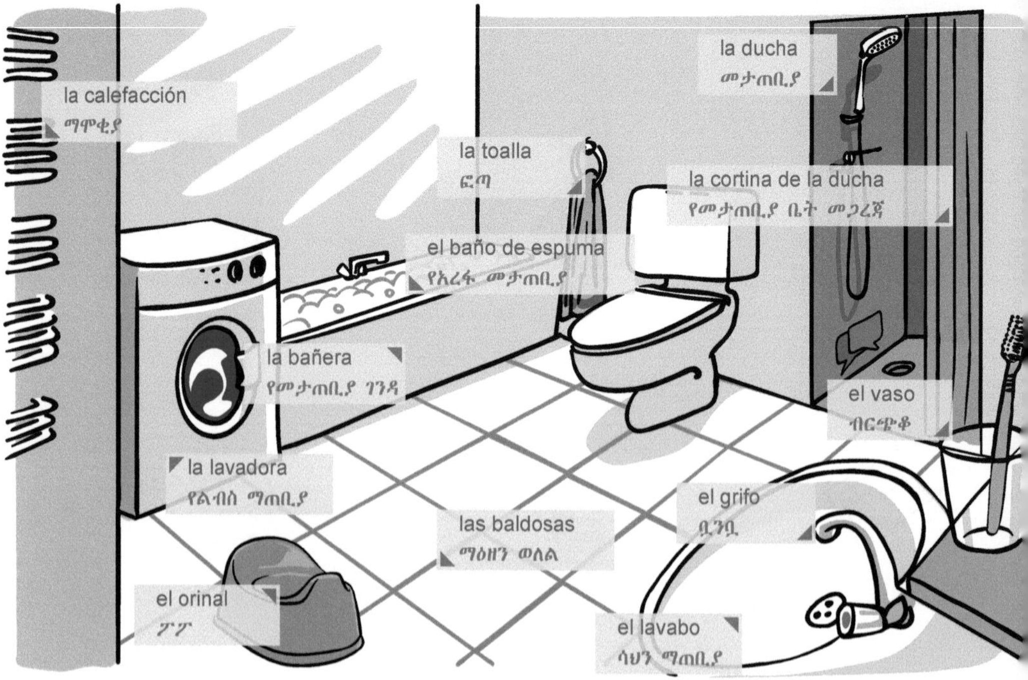

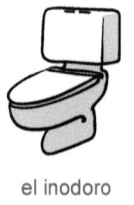

el inodoro

ሽንት ቤት

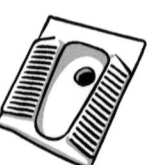

el inodoro rústico

የሽንት ቤት መቀመጫ

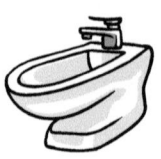

el bidé

ሳፋ

el urinario

የመንገ ዳር መሽኛ

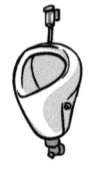

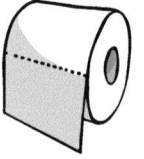

el papel higiénico

የሽንት ቤት ወረቀት

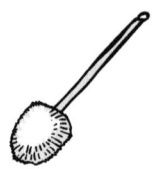

la escobilla del váter

የሽንት ቤት ማፅጃ ብሩሽ

el cepillo de dientes

የጥርስ ብሩሽ

la pasta de dientes

የጥርስ ሳሙና

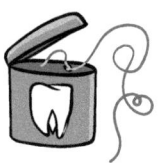

el hilo dental

የጥርስ ማፅጃ ክር

lavar

መታጠብ

la ducha de mano

የእጅ መታጠቢያ

la ducha íntima

መታጠቢያ

la pila

ጎድጓዳ ሳህን

el cepillo de espalda

የጀርባ ብሩሽ

el jabón

ሳሙና

el gel de ducha

የመታጠቢያ የሚዝለገለግ ሳሙና

el champú

የፀጉር መታጠቢያ ሳሙና

la toallita

ለስላሳ ጨርቅ

el desagüe

ፍሳሽ

la crema

ክሬም

el desodorante

ጠረን መቀየሪያ ንጥረ ነገር

el espejo

መስታወት

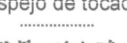

el espejo de tocador

የእጅ መስታወት

la maquinilla de afeitar

ምላጭ

la espuma de afeitar

የመላጫ አረፋ

la loción postafeitado

ከመላጨት በኋላ የሚቀባ ሽቱ

el peine

ማበጠሪያ

el cepillo

ብሩሽ

el secador

የፀጉር ማድረቂያ

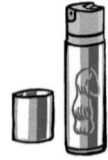

la laca

በፀጉር ላይ የሚነፋ

el maquillaje

የፊት መቀባቢያ

el pintalabios

የከንፈር ቀለም

el pintauñas

የጥፍር ቀለም

el algodón

የጥጥ ሱፍ

el cortauñas

ጥፍር መቁረጫ

el perfume

ሽቶ

el estuche de viaje

ማጠቢያ ባልዲ

la banqueta

መቀመጫ

la balanza

ሚዛን

el albornoz

የመታጠቢያ ልብስ

los guantes de goma

የላስቲክ ጓንት

el tampón

ሞዴስ

la compresa

የዕዳት ፎጣ

el inodoro químico

የሽንት ቤት ኬሚካል

la habitación de los niños

የልጅ ክፍል

el despertador
የማንቂያ ደወል ሰዐት
el peluche
የህፃን አሻንጉሊት
el coche de juguete
የመጫወቻ መኪና
el sonajero
ማንገጫገጫ መጫወቻ
la casa de muñecas
የአሻንጉሊት ቤት
el regalo
ስጦታ

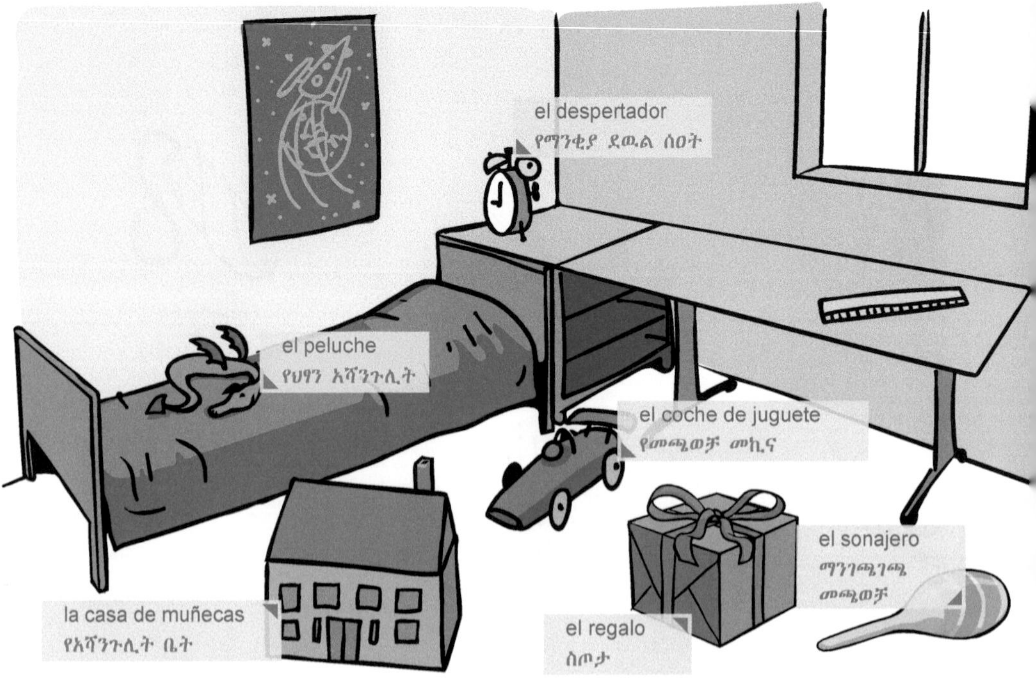

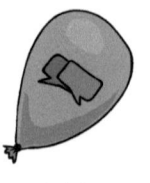

el globo

ፊኛ

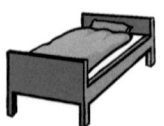

la cama

አልጋ

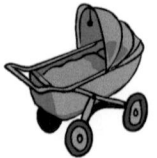

el coche de niño

የህፃን ማንሸራሸሪያ ጋሪ

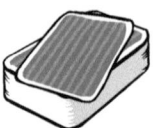

los naipes

የካርታ መጫወቻ

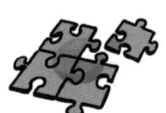

el puzle

ቁርጥራጭ ምስሎችን የማገጣጠም እና ምስል የማግኘት ጨዋታ

SUPER MEGA

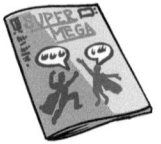

el tebeo

አዝናኝ

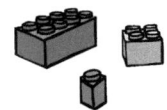

las piezas de lego

ተገጣጣሚ መጫወቻ

los bloques de juguete

የመጫወቻ መገጣጠሚያዎች

la figura de acción

የድርጊት ምስል

el bodi (de bebé)

የህፃን እድገት

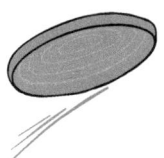

el frisbee

የፕላስቲክ መጫወቻ ዝርግ ሰህን

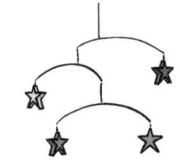

el colgador móvil para bebés

ተወዛዋዥ የህፃን ማጫወቻ

el juego de mesa

የሰሌዳ ጨዋታ

los dados

የመጫወቻ ጠጠር

el circuito de tren eléctrico

የመጫወቻ ባቡር

el maniquí

የእንጀራ እናት ጡጦ

la fiesta

ድግስ

el álbum de fotos

የስዕል መፅሀፍ

la pelota

ኳስ

la muñeca

አሻንጉሊት

jugar

መጫወት

el cajón de arena

የአሸዋ መጫወቻ

el columpio

ት'ዋት'ዌ

los juguetes

መጫወቻዎች

la videoconsola

የቪዲዮ መጫወቻ

el triciclo

ባለ ሶስት ጎማ ብስክሌት

el oso de peluche

የአሻንጉሊት ድብ

la guardarropa

ቄምሳጥን

la ropa

አልባሳት

los calcetines

ካልሲዎች

las medias

ስቶኪንጎች

los leotardos

ታይት

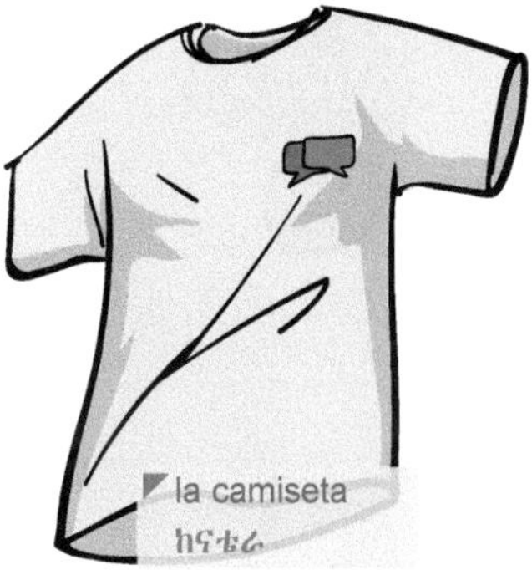

la bufanda
የአንገት ልብስ

el cinturón
ቀበቶ

el paraguas
ዣንጥላ

la camiseta
ከናቴራ

las botas
ቡቲ

las deportivas
ስኒከሮች

las zapatillas
የቤት ዉስጥ ነጠላ ጫማ

las sandalias
ነጠላ ጫማዎች

los zapatos
ጫማዎች

las botas de goma
የጎማብ ቡትስ

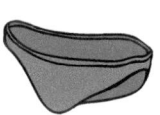
el slip
ሙታንታ

el sostén
ጡት መያዣ

el chaleco
ሰደርያ

el bodi

ሰዉነት

los pantalones cortos

ሱሪዎች

los vaqueros

ጅንስ

la falda

ጉርድ ቀሚስ

la blusa

ሸሚዝ

la camisa

ሸሚዝ

el jersey

የሚጠለቅ ሹራብ

el suéter

ሹራብ

el blazer

ዩኒፎርም ጃኬት

la chaqueta

ጃኬት

el abrigo

ኮት

la gabardina

የዝናብ ኮት

el traje

ልብስ

el vestido

ቀሚስ

el vestido de novia

የሙሽራ ቀሚስ

el traje

ሱፍ

el camisón

የለሊት ልብስ

el pijama

የለሊት ልብስ

el sati

ረጅም ቀሚስ

el bandana

ሂጃብ

el turbante

ጥምጣም

la burka

ቡርቃ

el caftán

ሸርጥ

la abaya

አባያ

el traje de baño

የዋና ልብስ

el bañador

አጭር ቁምጣ

los pantalones cortos

ቁምጣዎች

el chándal

የስራ ቁታ

el delantal

ሸርጥ

los guantes

ጓንት

el botón

ቁልፍ

las gafas

መነፅር

el brazalete

አምባር

el collar

የአንገት ሀብል

el anillo

ቀለበት

el pendiente

የጆሮ ጌጥ

la gorra

ኮፍያ

la percha

የኮት መስቀያ

el sombrero

ኮፍያ

la corbata

ከረባት

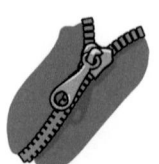

la cremallera

ዚፕ

el casco

የብረት ቆብ

los tirantes

መደገፊያ

el uniforme

የትምህርት ቤት የደንብ ልብስ

el uniforme

የደንብ ልብስ

el babero

መያረብ

el maniquí

የእንጀራ እናት ጡጦ

el pañal

ሽንት ጨርቅ

la oficina

ቢሮ

el servidor

ማሰራጫ ጣቢያ

el archivo

የፋይል መደርደሪያ ካቢኔ

la impresora

የህትመት መሳሪያ

el monitor

መቆጣጠሪያ

el papel

ወረቀት

el ratón

ማውዝ

el escritoria

መፃፊያ ጠረጴዛ

la carpeta

ማህደር

el teclado

የመፃፊ ቁልፎች

la papelera

የቆሻሻ ወረቀት መጣያ ቅርጫት

la silla

ወንበር

el ordenador

ኮምፒዉተር

la taza de café

የቡና መጠጫ ትልቅ ኩባያ

la calculadora

ማስሊያ ማሽን

el internet

ኢንተርኔት

el portátil

ላፕቶፕ

la carta

ደብዳቤ

el mensaje

መልዕክት

el móvil

ተንቀሳቃሽ ስልክ

la red

የማንኙነት አዉታር

la fotocopiadora

ማባዣ ማሽን

el software

ሶፍትዌር

el teléfono

ስልክ

la toma de corriente

የግድግዳ ሶኬት

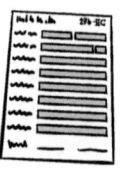

el fax

የፋክስ ማሽን

el formulario

ቅፅ

el documento

ሰነድ

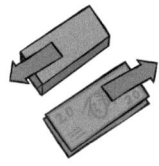

comprar

መግዛት

pagar

መክፈል

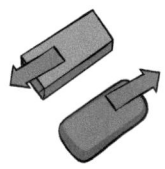

comerciar

መነገድ

el dinero

ገንዘብ

USD

el dólar

ዶላር

EUR

el euro

ዮሮ

JPY

el yen

የን

RUB

el rublo

ሩብል

CHF

el franco suizo

የስዊዝ ፍራንክ

CNY

el renminbi yuan

ሬንሚንቢ ዮዋን

INR

la rupia

ሩጲ

el cajero automático

የገንዘብ ነጥብ

la oficina de cambio de
divisas

የውጭ ገንዘብ ምንዛሪ ቢሮ

el oro

ወርቅ

la plata

ብር

el petróleo

ዘይት

la energía

ሀይል፤ ጉልበት

el precio

ዋጋ

el contrato

ግንኙነት

el impuesto

ቀረጥ

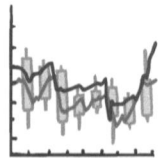

la acción

አክስዮን

trabajar

መስራት

el empleador

ተቀጣሪ

el empleador

ቀጣሪ

la fábrica

ፋብሪካ

la tienda de campaña

ሱቅ

los oficios
የስራ ሙያዎች

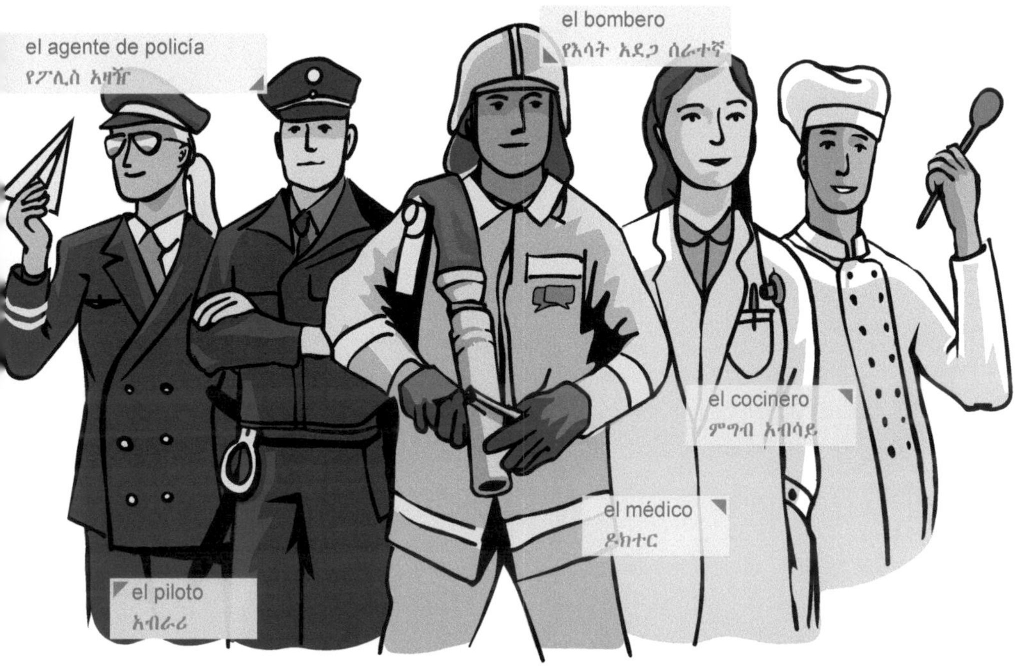
el agente de policía
የፖሊስ አዛዥ
el bombero
የእሳት አደጋ ሰራተኛ
el cocinero
ምግብ አብሳይ
el médico
ዶክተር
el piloto
አብራሪ

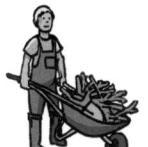

el jardinero
....
አትክልተኛ

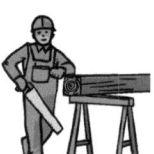

el carpintero
....
አናጢ

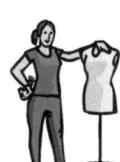

la costurera
....
ልብስ ሰፊ ሴት

el juez
....
ዳኛ

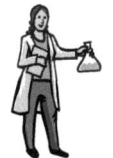

el farmacéutico
....
ቀማሚ

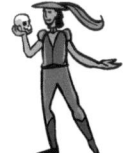

el actor
....
ተዋናይ

el conductor de autobús

የአዉቶቢስ ሹፈር

el taxista

የታክሲ ሹፈር

el pescador

አሳ አጥማጅ

la señora de la limpieza

ፅዳት ሰራተኛ

el techador

የጣራ ሰራተኛ

el camarero

አስተናጋጅ

el cazador

አዳኝ

el pintor

ሰዓሊ

el panadero

ጋጋሪ

el electricista

የኤሌትሪክ ሰራተኛ

el obrero

ገምቢ

el ingeniero

መሃሃዲስ

el carnicero

ልኳንዳ

el fontanero

የቧንቧ ሰራተኛ

el cartero

የፖስታ ሰራተኛ

el soldado

ወታደር

el arquitecto

መሃንዲስ

el cajero

የሒሳብ ሰራተኛ

el florista

አበባ ሻጭ

el peluquero

የፀጉር ሰራተኛ

el revisor

ቲኬት ቆራጭ

el mecánico

መካኒክ

el capitán

ካፒቴን

el dentista

የጥርስ ሐኪም

el científico

ተመራማሪ

el rabino

መምህር

el imán

የሙስሊም ሃይማኖታዊ መሪ

el monje

መነኩሴ

el sacerdote

ካህን

las herramientas

መሳሪያዎች

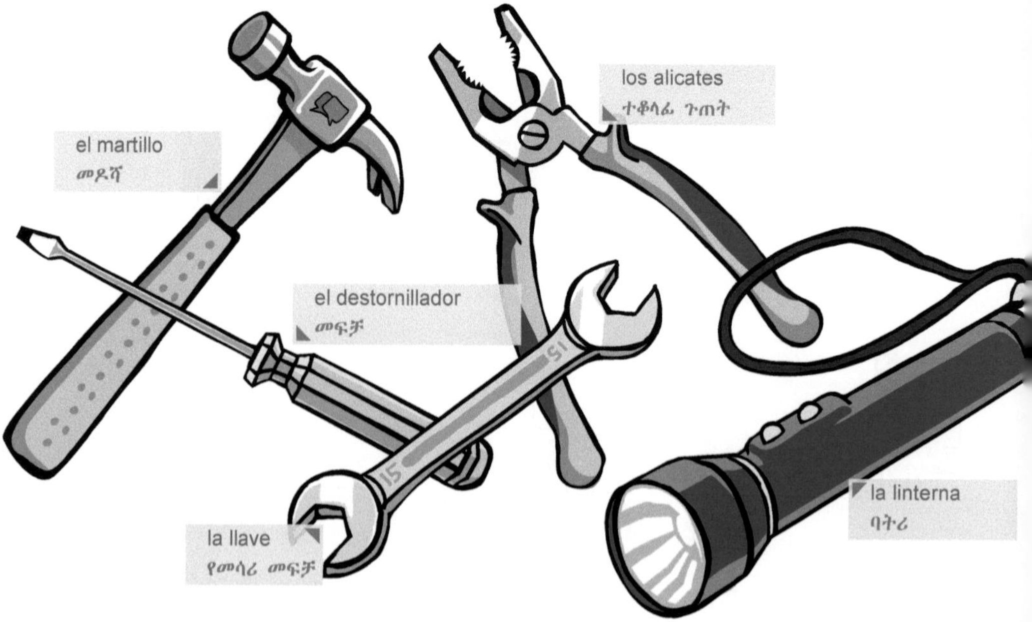

los alicates
ተቆላፊ ጉጠት
el martillo
መዶሻ
el destornillador
መፍቻ
la llave
የመሳሪ መፍቻ
la linterna
ባትሪ

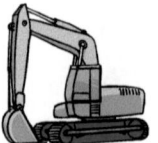

la excavadora

በቁፋሮ የሚዝቅ

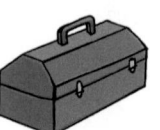

la caja de herramientas

የመፍቻ ሳጥን

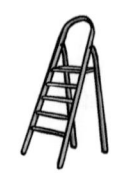

la escalera de mano

መሰላል

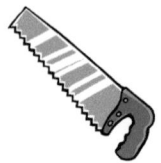

la sierra

መጋዝ

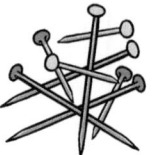

los clavos

ምስማር

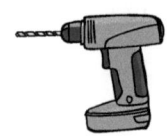

el taladro

መሰርሰሪያ

reparar

መጠገን

la pala

አካፋ

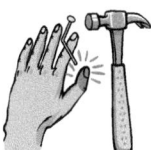

¡Maldita sea!

የተረገመ!

el recogedor

ቆሻሻ ማፈሻ

el bote de pintura

የቀለም ቆርቆር

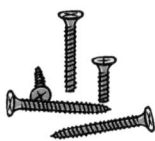

los tornillos

ብሎን

los instrumentos musicales

የሙዚቃ መሳሪያዎች

la batería
የከበሮ መሳሪያዎች

el altavoz
የድምፅ ማጉያ
መሳሪያ

la guitarra
ክራር መስል የሙዚቃ
መሳሪያ

el contrabajo
ድርብ ቤዝ ጊታር

la trompeta
የትንፋሽ ሙዚቃ
መሳሪያ

el piano

ፒያኖ

el violín

ቫዮሊን

bajo

ወፍራም ፤ ጎርናና ድምፅ ያለዉ ክራር መሰል ሙዚቃ መሳሪያ

los timbales

ነጋሪት

el tambor

ከበሮ

el teclado

በኤሌክትሪክ የሚሰራ ፒኖ

el saxofón

የትንፋሽ ሙዚቃ መሳሪያ

la flauta

ዋሽንት

el micrófono

የድምፅ ማጉያ

el zoo

የደር እንስሳት ማቆያ

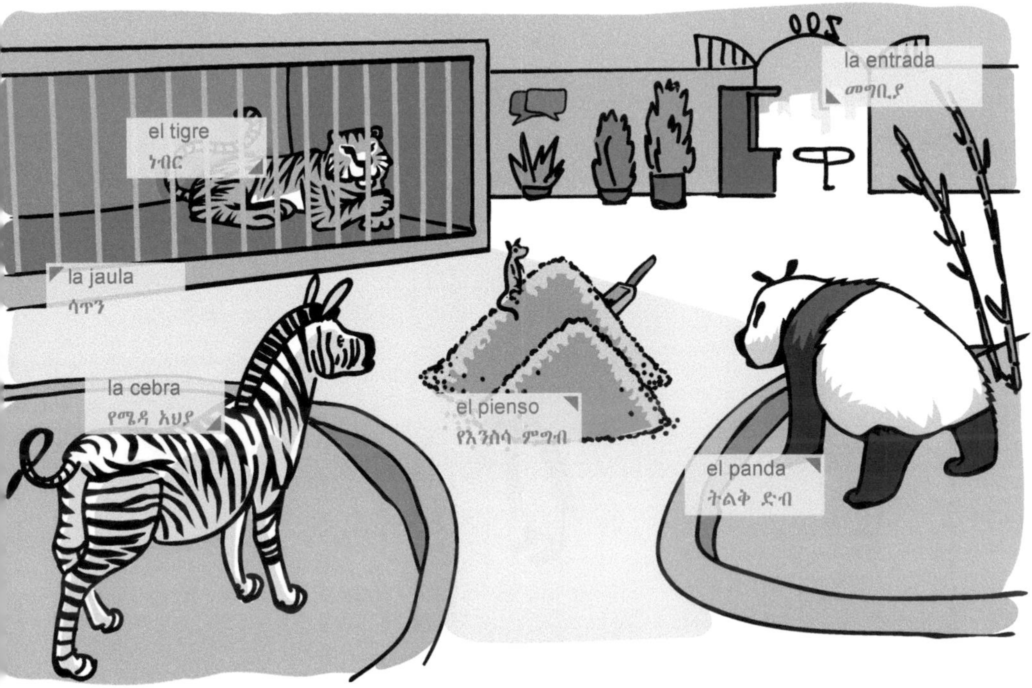

el tigre
ነብር
la entrada
መግቢያ
la jaula
ሳጥን
la cebra
የሜዳ አህያ
el pienso
የእንስሳ ምግብ
el panda
ትልቅ ድብ

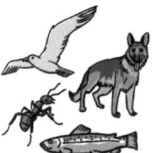

los animales

እንስሳቶች

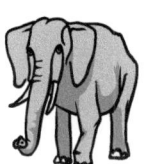

el elefante

ዝሆን

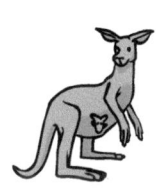

el canguro

ካንጋሮ

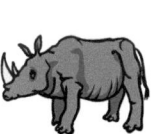

el rinoceronte

አዉራሪስ

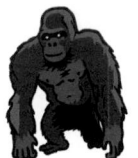

el gorila

ትልቅ ዝንጀሮ

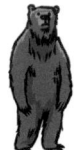

el oso

ድብ

el camello

ግመል

el avestruz

ሰጎን

el león

አንበሳ

el mono

ጦጣ

el flamingo

ቅልጥም ረጃርም ወፍ

el loro

በቀቀን

el oso polar

የወዋልታ ድብ

el pingüino

የዋልታ ወፎች

el tiburón

ረጃም ጥርሶች ያሉትአሳ ነባሪ

el pavo real

ጣዎስ

la serpiente

እባብ

el cocodrilo

አዞ

el guardián de zoológico

የዱር አራዊት የሚጠበቁበት
ማቆያን የሚጠብቅ

la foca

አሳ በሊታ የባህር እንስሳ

el jaguar

የዱር ድመት

el poni

ድንክ ፈረስ

el leopardo

ነብር

el hipopótamo

ጉማሬ

la jirafa

ቀጭኔ

el águila

ንስር

el jabalí

ከርከሮ

el pescado

አሳ

la tortuga

የባህር ኤሊ

la morsa

የባህር አዉሬ

el zorro

ቀበሮ

la gacela

የሜዳ ፍየል ፤ ሚዳቋ

el fútbol americano
የአሜሪካ እግርኳስ

el ciclismo
የብስክሌት ስፖርት

el tenis
ቴኒስ

el baloncesto
የቅርጫት ኳስ

la natación
ዋና

el boxeo
የቡጢ ስፖርት

el hockey sobre hielo
የበረዶ ላይ የገና ጨዋታ

el fútbol
እግር ኳስ

el bádminton
የላባ ኳስ ጨዋታ

el atletismo
አትሌቲክስ

el balonmano
የእጅ ኳስ ስፖርት

el esquí
የበረዶ መንሸራተት ስፖርት

el polo
ፈረስ ግልቢያ

reír
መሳቅ

saltar
መዝለል

abrazar
ማቀፍ

caminar
መራመድ

cantar
መዘመር

soñar
ህልም ማለም

rezar
መፀለይ

besar
መሳም

escribir
መፃፍ

dibujar
መሳል

mostrar
ማሳየት

empujar
መግፋት

dar
መስጠት

tomar
መዉሰድ

tener

መያዝ

hacer

ማድረግ

ser

መሆን

estar de pie

መቆም

correr

መሮጥ

tirar

መሳብ

tirar

መወርወር

caer

መዉደቅ

yacer

መዋሸት

esperar

መጠበቅ

llevar

መሸከም

estar sentado

መቀመጥ

vestirse

መልበስ

dormir

መተኛት

despertar

መንቃት

mirar

መመልከት

llorar

ማለቀስ

acariciar

መጫር

peinar

ማበጠር

hablar

ማዉራት

entender

መረዳት

preguntar

ጥያቄ

escuchar

ማዳመጥ

beber

መጠጣት

comer

መብላት

ordenar

ማንኳት

amar

ማፍቀር

cocinar

ምግብ ማብሰል

conducir

መንዳት

volar

መብረር

navegar

መርከብ መንዳት

calcular

ቁጥሮችን ማስላት

leer

ማንበብ

aprender

መማር

trabajar

መስራት

casarse

ማግባት

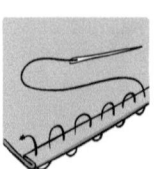

coser

መስፋት

cepillarse los dientes

ጥርስ መቦረሽ

matar

መግደል

fumar

ማጨስ

enviar

መላክ

la familia

ቤተሰብ

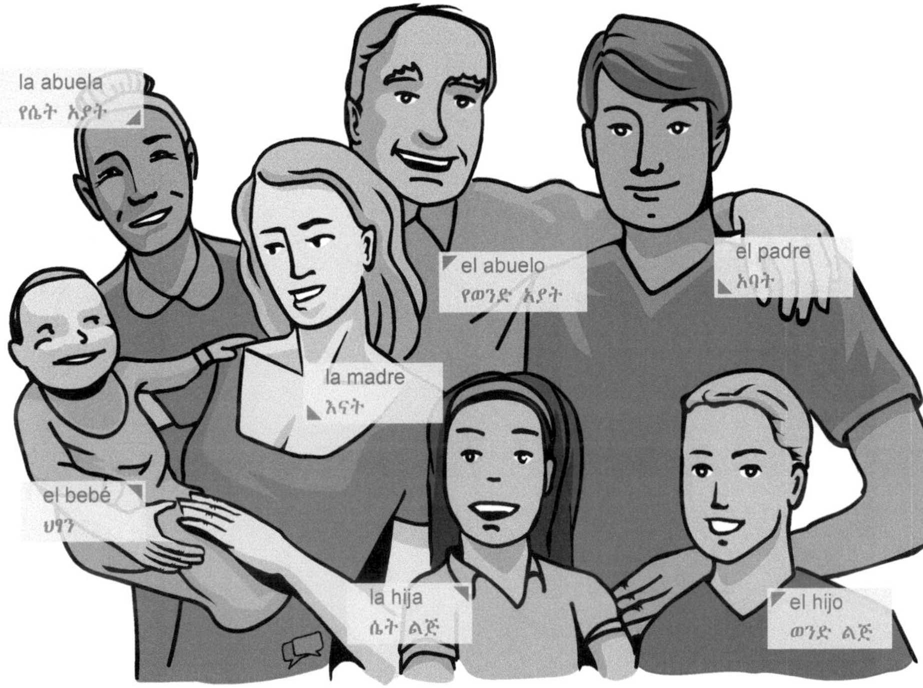

la abuela
የሴት አያት
el abuelo
የወንድ አያት
el padre
አባት
la madre
እናት
el bebé
ህፃን
la hija
ሴት ልጅ
el hijo
ወንድ ልጅ

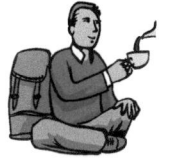

el invitado

እንግዳ

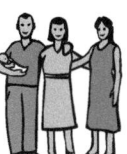

la tía

አክስት

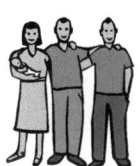

el tío

አጎት

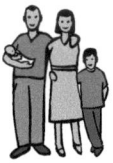

el hermano

ወንድም

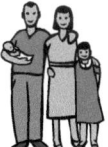

la hermana

እህት

el cuerpo

አካል

la frente
ግንባር
el ojo
አይን
el hombro
ትከሻ
el dedo
ጣት
la cara
ፊት
la barbilla
አገጭ
la mano
እጅ
el pecho
ጡት
la pierna
እግር
el brazo
ክንድ

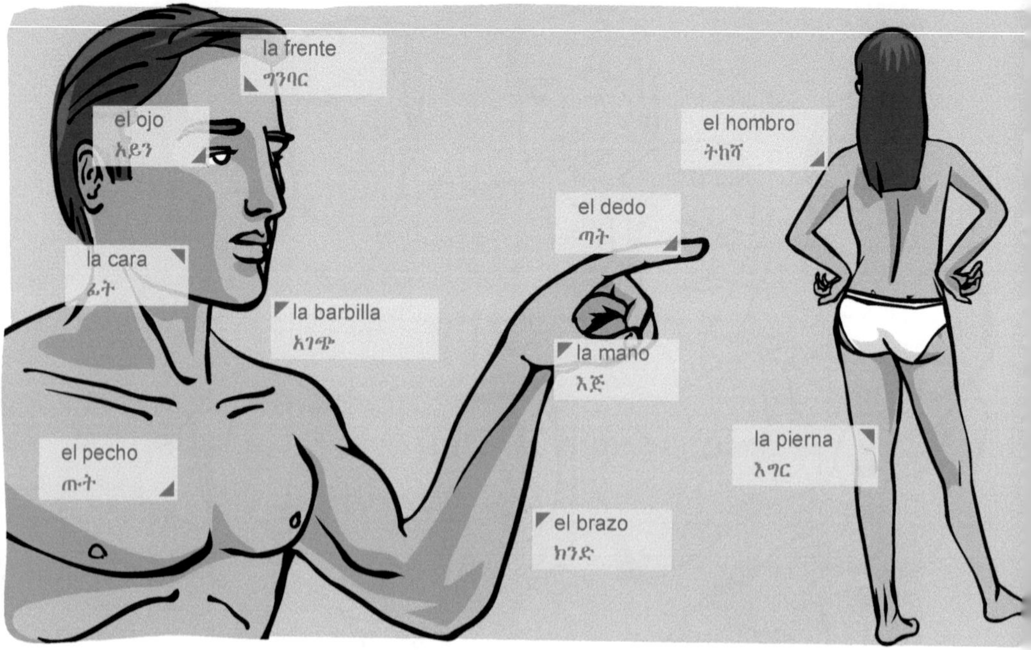

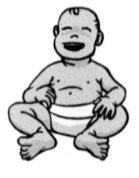

el bebé

ህፃን

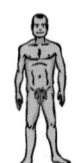

el hombre

ሰዉ

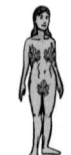

la mujer

ሴት

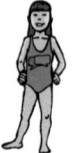

la chica

ልጃገረድ

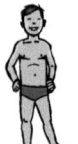

el chico

ወንድ ልጅ

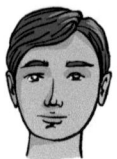

la cabeza

ራስ

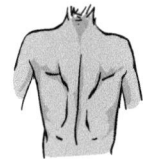

la espalda

ጀርባ

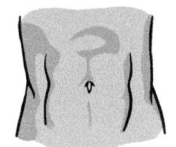

el vientre

ሆድ

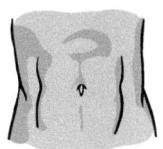

el ombligo

እምብርት

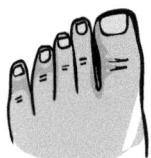

el dedo del pie

የእግር ጣት

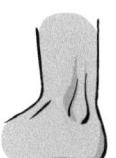

el talón

ተረከዝ

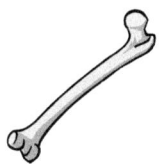

el hueso

አጥንት

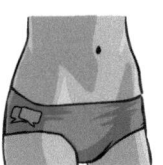

la cadera

ዳሌ

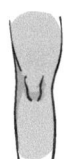

la rodilla

ጉልበት

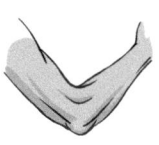

el codo

ክርን

la nariz

አፍንጫ

el trasero

ቂጥ

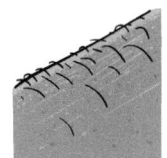

la piel

ቆዳ

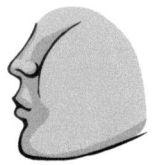

la mejilla

ጉንጭ

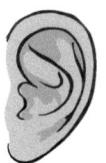

el oído

ጆሮ

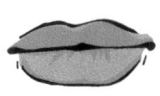

el labio

ከንፈር

la boca

አፍ

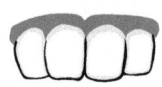

el diente

ጥርስ

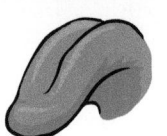

la lengua

ምላስ

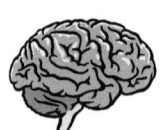

el cerebro

አንጎል

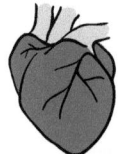

el corazón

ልብ

el músculo

ጡንቻ

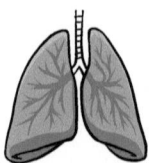

el pulmón

ሳምባ

el hígado

ጉበት

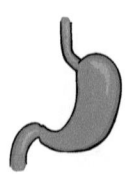

el estómago

ሆድ

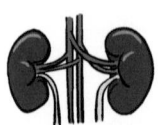

los riñones

ኩላሊቶች

el sexo

የግብረስጋ ግንኙነት

el condón

ኮንዶም

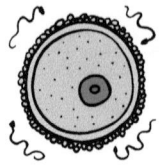

el ovario

የሴት እንቁላል

el semen

የዘር ፈሳሽ

el embarazo

እርግዝና

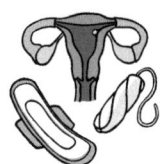

la menstruación

የወር አበባ

la vagina

እምስ

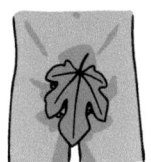

el pene

ቁላ

la ceja

ቅንድብ

el pelo

ፀጉር

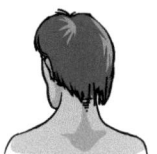

el cuello

አንገት

el hospital

ሆስፒታል

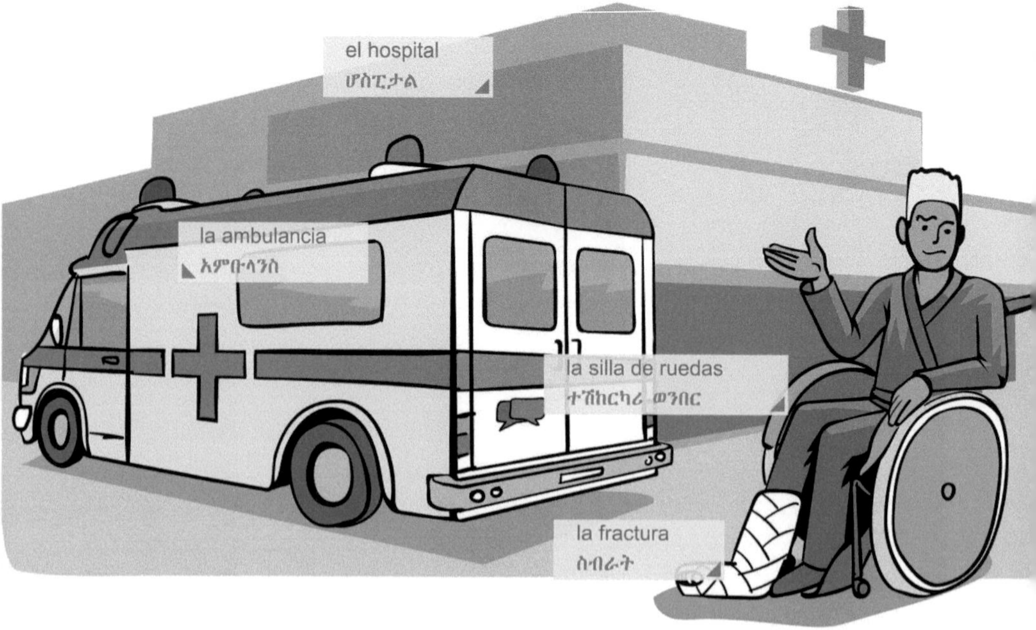

el hospital
ሆስፒታል
la ambulancia
አምቡላንስ
la silla de ruedas
ተሽከርካሪ ወንበር
la fractura
ስብራት

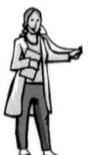

el médico

ዶክተር

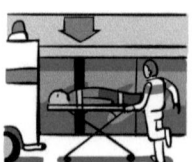

la sala de urgencias

ድንገተኛ ክፍል

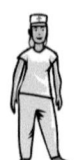

la enfermera

ነርስ

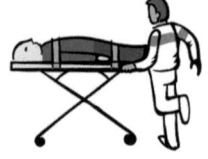

la urgencia

ድንገተኛ

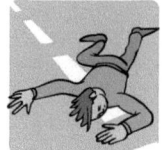

inconsciente

ራስን መሳት/ አለማወቅ

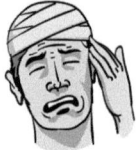

el dolor

ህመም

la lesión

ጉዳት

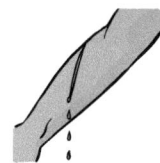

la hemorragia

መድማት

el infarto

የልብ ድካም

el ictus

ስትሮክ

la alergia

አለርጂ

la tos

ሳል

la fiebre

ትኩሳት

la gripe

ኢንፍሎዌንዛ

la diarrea

ተቅማጥ

el dolor de cabeza

የራስ ምታት

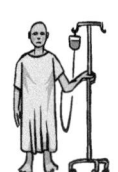

el cáncer

ካንሰር

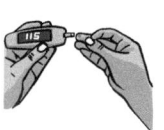

la diabetes

የስኳር በሽታ

el cirujano

ቀዶ ጠጋኝ ሐኪም

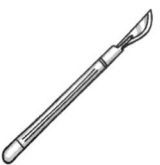

el bisturí

የቀዶ ጥገና ስለት

la operación

ቀዶ ጥገና

TAC

ሲ.ቲ

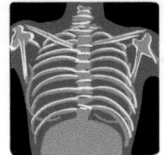

los rayos x

ኤክስሬዮ

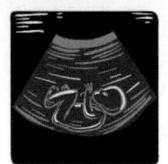

el ultrasonido

አልትራሳዉንድ

la mascarilla

የፊት ጭምብል

la enfermedad

በሽታ

la sala de espera

መጠበቂያ ክፍል

la muleta

ምርኩዝ

la tirita

የቁስል ማሸጊያ

la venda

ፋሻ

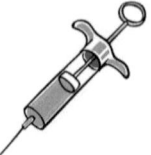

la inyección

መርፌ

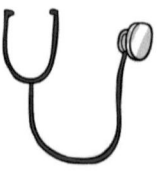

el estetoscopio

የልብ ምት ማዳመጫ መሳሪያ

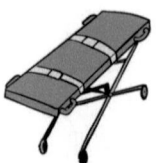

la camilla

የበሽተኛ አልጋ

el termómetro

የሀከምና ሙቀት መለኪያ መሳሪያ

el nacimiento

መውለድ

el sobrepeso

ከልክ ያለፈ ክብደት

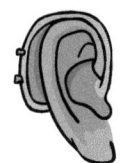

el audífono

ለመስማት የሚረዳ መሳሪያ

el desinfectante

ፀረ ተባይ መድሀኒት

la infección

ማመርቀዝ

el virus

ቫይረስ

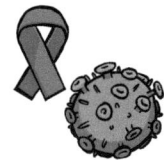

VIH / SIDA

ኤች አይቪ ኤድስ

la medicina

ህክምና

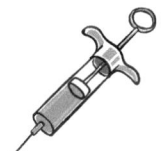

la vacunación

ክትባት

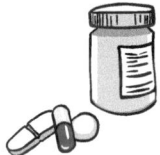

las tabletas

ኪኒን

la pastilla

ኪኒን

la llamada de urgencia

አስቸኳይ የስልክ ጥሪ

el tensiómetro

ደም ግፊት መቆጣጠሪያ

enfermo / sano

ህመም/ ጤንነት

¡Socorro!

እርዳታ!

la alarma

ማንቂያ ደወል

el asalto

ጥቃት

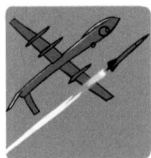

el ataque

ድብደባ

el peligro

አደጋ

la salida de emergencia

የድንገተኛ መዉጫ

¡Fuego!

እሳት!

el extintor de incendios

እሳት ማጥፊያ

el accidente

አደጋ

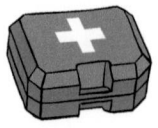
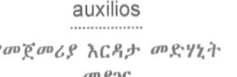

el botiquín de primeros auxilios

የመጀመሪያ እርዳታ መድሃኒት መያዣ

SOS

ነፍስ አድን

la policía

ፖሊስ

Europa

አዉሮፓ

Norteamérica

ሰሜን አሜሪካ

Sudamérica

ደቡብ አሜሪካ

África

አፍሪካ

Asia

እስያ

Australia

አዉስትራሊያ

el atlántico

አትላንቲክ

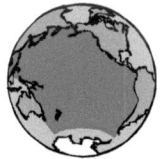

el Pacífico

ፓስፊክ

el Océano Índico

የህንድ ዉቅያኖስ

el Océano Antártico

አንታርክቲክ ዉቅያኖስ

el Océano Ártico

አርክቲክ ዉቅያኖስ

el polo norte

ሰሜን ዋልታ

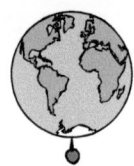

el polo sur

ደቡብ ዋልታ

La Antártida

አንታርክቲካ

la tierra

ምድር

la tierra

መሬት

el mar

ባህር

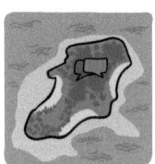

la isla

ደሴት

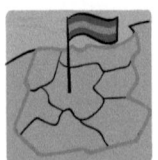

la nación

አገርና ህዝብ

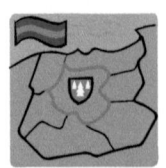

el estado

መንግስት

la esfera

የሰዓት ገፅታ

la manecilla de las horas

ሰዓት

el minutero

ደቂቃ

el segundero

ሴኮንድ

¿Qué hora es?

ስንት ሰዓት ነው?

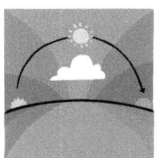

el día

ቀን

el tiempo

ጊዜ

ahora

አሁን

el reloj digital

የቁጥር ሰዓት

el minuto

ደቂቃ

la hora

ሰዓታት

la semana

ሳምንት

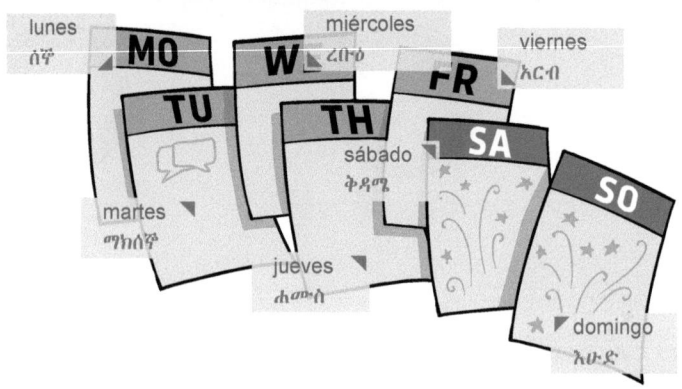

lunes
ሰኞ

miércoles
ረቡዕ

viernes
ዓርብ

martes
ማክሰኞ

jueves
ሐሙስ

sábado
ቅዳሜ

domingo
እሁድ

ayer

ትላንት

hoy

ዛሬ

mañana

ነገ

la mañana

ማለዳ

el mediodía

ቀትር

la tarde

ምሽት

los días laborables

የስራ ቀናት

el fin de semana

የዕረፍት ቀናት

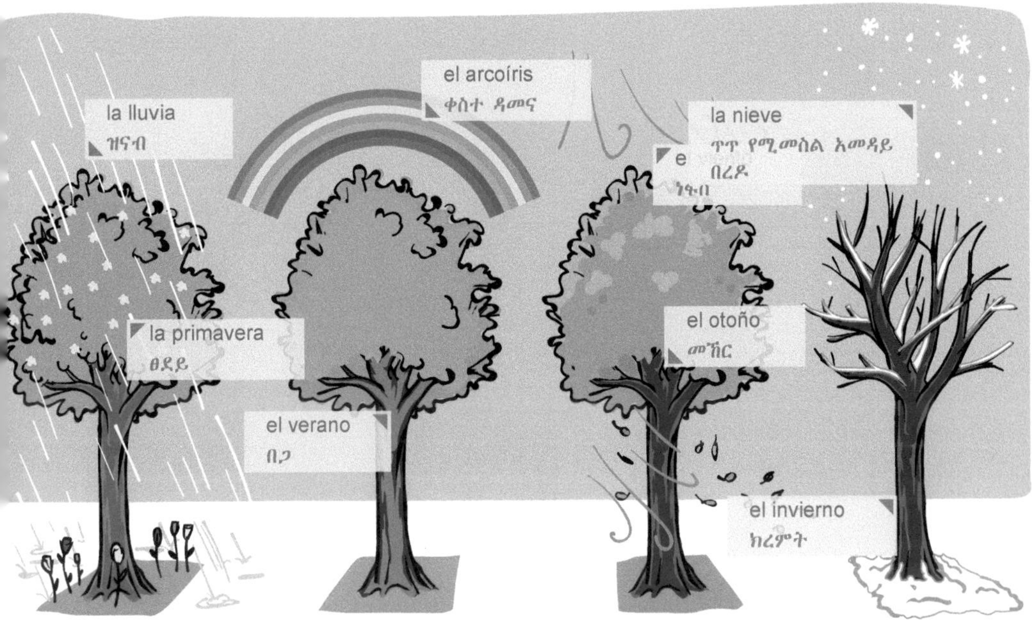

la lluvia
ዝናብ
el arcoíris
ቀስተ ዳመና
la nieve
ጥጥ የሚመስል አመዳይ
በረዶ
e
ነፋስ
la primavera
ፀደይ
el otoño
መኸር
el verano
በጋ
el invierno
ክረምት

4.APRIL 11°
5.APRIL 4°
6.APRIL 13°
7.APRIL 8°
8.APRIL 10°

el pronóstico del tiempo

የአየር ሁኔታ ትንበያ

F C
120 40
90 30
60 20
30 10
0 0
-30 -10
-20

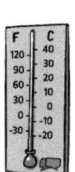

el termómetro

የሙቀት መለኪያ

el sol

የፀሀይ ሙቀት

la nube

ደመና

la niebla

ጭጋግ

la humedad

እርጥበታማነት

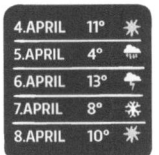

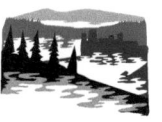

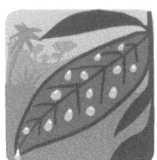

el rayo

መብረቅ

el trueno

ነጎድጓድ

la tormenta

አዉሎ ንፋስ

el granizo

የበረዶ ዝናብ

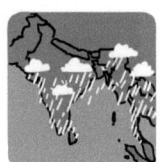

el monzón

አዉሎ ንፋስ

la inundación

ጎርፍ

el hielo

በረዶ

enero

ጥር

febrero

የካቲት

marzo

መጋቢት

abril

ሚያዚያ

mayo

ግንቦት

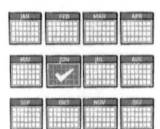

junio

ሰኔ

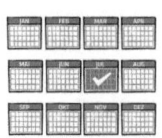

julio

ሐምሌ

agosto

ነሀሴ

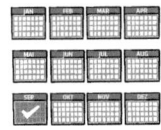

septiembre
....
መስከረም

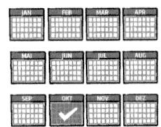

octubre
....
ጥቅምት

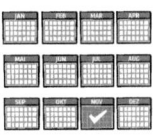

noviembre
....
ህዳር

diciembre
....
ታህሳስ

las formas
ቅርፆች

el círculo
....
ክብ

el cuadrado
....
አራት ማዕዘን

el rectángulo
....
አራት ቀጥተኛ ማዕዘኖች ጎኖች
ያሉት ቅርፅ

el triángulo
....
ሶስት ማዕዘን

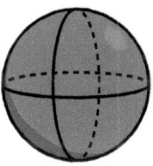

la esfera
....
ኳል

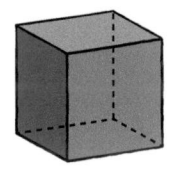

el cubo
....
ስድስት ጎን ያለዉ ቅርፅ

blanco

ነጭ

amarillo

ቢጫ

anaranjado

ብርቱካናማ

rosa

ሮዝ

rojo

ቀይ

morado

ወይን ጠጅ

azul

ሰማያዊ

verde

አረንጓዴ

marrón

ቡኒ

gris

ግራጫ

negro

ጥቁር

mucho / poco

ብዙ/ ጥቂት

enojado / tranquilo

ንዴት/ እርጋታ

bonito / feo

ቆንጆ/ አስቀያሚ

principio / fin

ጅማሬ/ ፍፃሜ

grande / pequeño

ትልቅ/ ትንሽ

claro / oscuro

ደማቅ/ ደብዛዛ

el hermano / la hermana

ወንድም/ እህት

limpio / sucio

ንፁህ/ ቆሻሻ

completo / incompleto

የተሟሟ/ ያልተሟሟ

el día / la noche

ቀን/ ምሽት

muerto / vivo

የሞተ/ ህያዉ

ancho / estrecho

ሰፊ/ ጠባብ

comestible / no comestible

የሚበላ/ የማይበላ

malo / amable

ክፉ/ ደግ

entusiasmado / aburrido

ደስተኛ/ ድብርተኛ

gordo / delgado

ወፍራም/ ቀጭን

primero / último

መጀመርያ/ መጨረሻ

el amigo / el enemigo

ጓደኛ/ ጠላት

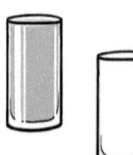

lleno / vacío

ሙሉ/ ጎዶሎ

duro / blando

ጠንካራ/ ለስላሳ

pesado / ligero

ከባድ/ ቀላል

el hambre / la sed

ረሃብ/ ጥማት

enfermo / sano

ህመም/ ጤንነት

ilegal / legal

ህገወጥ/ ህጋዊ

inteligente / tonto

ጎበዝ/ ደደብ

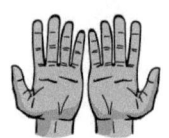

izquierda / derecha

ግራ/ ቀኝ

cerca / lejos

ቅርብ/ ሩቅ

nuevo / usado

አዲስ/ አሮጌ

nada / algo

ምንም/ የሆነ ነገር

viejo / joven

ሽማግሉ/ ወጣት

encendido / apagado

የበራ/ የጠፉ

abierto / cerrado

ክፍት/ ዝግ

silencioso / ruidoso

ፀጥታ/ ጫጫታ

rico / pobre

ሃብታም/ ደሃ

correcto / incorrecto

ትክክለኛ/ የተሳሳተ

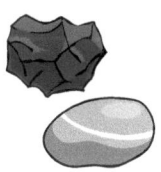

áspero / suave

ሻካራ/ ለስላሳ

triste / contento

ሐዘን/ ደስታ

corto / largo

አጭር/ ረዥም

lento / rápido

ዝግተኛ/ ፈጣን

húmedo / seco

እርጥብ/ ደረቅ

cálido / frío

ሞቃት/ ቀዝቃዛ

guerra / paz

ጦርነት/ ሰላም

0	**1**	**2**
cero	uno	dos
ዜሮ	አንድ	ሁለት
3	**4**	**5**
tres	cuatro	cinco
ሶስት	አራት	አምስት
6	**7**	**8**
seis	siete	ocho
ስድስት	ሰባት	ስምንት
9	**10**	**11**
nueve	diez	once
ዘጠኝ	አስር	አስራ አንድ

12

doce

አስራ ሁለት

13

trece

አስራ ሶስት

14

catorce

አስራ አራት

15

quince

አስራ አምስት

16

dieciséis

አስራ ስድስት

17

diecisiete

አስራ ሰባት

18

dieciocho

አስራ ሰስምንት

19

diecinueve

አስራ ዘጠኝ

20

veinte

ሃያ

100

cien

መቶ

1.000

mil

ሺህ

1.000.000

el millón

ሚሊዮን

el inglés

እንግሊዝኛ

el inglés americano

የአሜሪካ እንግሊዝኛ

el chino madarín

የቻይና ማንዳሪን

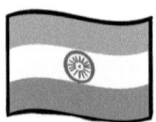

el hindi

ሂንዱ

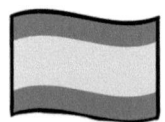

el español

ስፓኒሽ

el francés

ፍሬንች

el árabe

አረብኛ

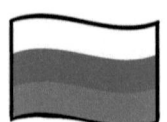

el ruso

ራሺያኛ

el portugués

ፖርቹጊዝ

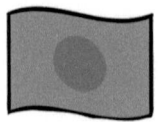

el bengalí

ቤንጋሊ

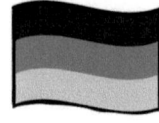

el alemán

ጀርመን

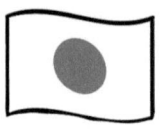

el japonés

ጃፓንኛ

yo

እኔ

tú

አንተ

él / ella / ello

እሱ/ እርሷ/ እቃዉ

nosotros/as

እኛ

vosotros/as

አንተ

ellos/as

እነርሱ

¿quién?

ማን?

¿qué?

ምን?

¿cómo?

እንዴት?

¿dónde?

የት?

¿cuándo?

መቼ?

el nombre

ስም

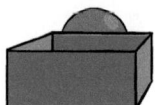

detrás

በስተጀርባ

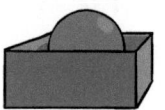

en

ዉስጥ

delante de

ከፊት ለፊት

por encima de

ከላይ

sobre

ላይ

debajo de

ከስር

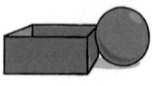

junto a

አጠገብ

entre

መሃከል

el lugar

ቦታ